李崇建與學思達夥伴的提問與實踐

薩提爾縱深對話

ICEBERG
THEORY

學思達團隊 著
李崇建與學思達團隊 授權
李崇建、張輝誠、郭進成、李明融 對談
蔡曉玲 整理撰寫

序文一

薩提爾全展開與學思達新深化

張輝誠

此書之珍貴，我認為在於「薩提爾冰山呈現方式之全展開」。

全展開是甚麼意思？

崇建常說，他浸潤薩提爾近二十年，究心最深、體會最豐、獲益最多，就是約翰·貝曼整理自其師薩提爾的「冰山圖」。

又說，冰山圖看似清晰簡要、但有些又難以理解。清晰的是冰山圖框架明白，一目了然；難以理解的是冰山層有些無法單用言語解說，如「感受、渴望、自我」，更需要「體驗」，唯有體驗，才能產生觸動、建立連結，帶來轉變、獲致力量、並出現新的眼光、樣貌與成長。

我經常和崇建私下聊天、也和他一起在世界各地舉辦公開對談會，我也經常邀請崇建為學思達核心老師、或為學思達專校老師們舉辦一系列薩提爾工作坊。這些過程，我逐漸發現崇建有幾個特點：

一是，他的內在穩定、內力深厚。

崇建對薩提爾冰山浸潤極深、蓄積豐沛，加上他極用功、勤於自學、敏於鍛鍊，久而久之，有如一位內力深厚的高人，輕輕一揮手，三言兩語如化骨綿掌，就讓人招架不住，聲淚俱下。這是他的高明之處，但是高明者往往又不耐於牛步教人（師父都已經在飛了，徒弟還匍匐學爬？）、亦不耐於固定模式（強調心隨意轉，開竅了，招招自是不同，隨時變化）、亦不喜於談說精微幽深處（實在太難說了、就算說了，聽者也聽不懂），所以崇建演講也好、示範也好、工作坊也好，速度奇快、變化極多、精深處往往點到為止，這也是為什麼有些朋友需要先有鷹架（如先去上一點崇建學生的工作坊）、或者一而再再而三參加崇建的工作坊。

二是，崇建善於吸納與創造。

崇建以薩提爾、貝曼整理的冰山圖為主要基底，吸納各種經典、創新的研究、發現和方法，如腦神經科學、精神醫學、心理學實務、學習理論等等，融滙進冰山圖之中，各安其位，同時豐厚每一層意涵與深度，讓冰山閃現出更鮮活的生命力。

崇建不只善於吸納，他還善於創造。他會根據益發深刻的領悟與理解，適當調整冰山綱目，如他把冰山圖以「渴望」為界，區分成兩大類「小我」（渴望以上）與「大我」（渴望以下），他也把「渴望層」再簡化成五類「愛、接納、意義、價值和自由」，他也刻意提倡幾個重要觀念，如「好奇」、「乒乓球式的對話」、「重述」、「核對」，甚至打造出「對話路徑、脈絡」，還有他在工作坊時，也加入許多他精心獨創出來的方法，如三階段對話練習，用來增強、凸顯、表現出他認為學習薩提爾最重要的「體驗」。

三是，崇建善於拆解。

崇建讓我觀看貝曼與人晤談的錄影影片，他說以前上貝曼工作坊時，貝曼親自示範後，就讓學員相互練習，他覺得貝曼太神奇了，聲音、語態、用語都讓人驚訝、驚豔與佩服，可是看完貝曼示範後還是一頭霧水，一開始都是朦朦朧朧，模模糊糊，隨著時間浸潤越久，慢慢開始可以一點一點掌握。

我聽崇建講一段話時，我忽然想到，薩提爾可能也是如此，與人對話時出神入化，貝曼才會想要整理出「冰山圖」來幫助別人理解。但即使貝曼整理出了冰山圖，崇建還是感覺貝曼出深入化，崇建慢慢從冰山圖進入之後，他也把貝曼的冰山圖或進入冰山圖之前的準備拆的更細，例如：呼喚名字、好奇、傾聽、正向好奇、乒乓球對話、覺察、停頓、語態練習等等，幫助自己。崇建拆解這些，主要目的就是幫助更多人也可以順利進入冰山、進入自我內在，與自我連結。

奇妙的是，崇建和他的老師貝曼一樣，努力做了那麼多拆解，最後也終於和貝曼老師一樣進到出神入化的境界，我感覺他們都順利找到梯子和方向，一步一步往上爬，進到另一個境域，而這些拆解，就是留給自己和別人的梯子。

不過，梯子終究只是梯子，重點要跋、要抵達真正的目標，所以要鍛鍊、要努力、要精進，最後還要，得意而忘言、得魚而忘筌。

後來我發現，我自己有一個獨特的位置，一方面我知道崇建的價值與能量，另一方面我也知道學思達核心老師的價值與能量，以及他們跟著崇建學習薩提爾的成長歷程，崇建的能力和學思達老師的能力，中間有一個落差，而我希望盡可能縮短這些落差，學思達核心老師已經是非常優秀的老師，我希望他們不只是在學思達教學技術上持續精進，我也希望他們可以在薩提爾上面精進，有所發揮，因為學思達核心老師人數多、影響力愈來愈大，他們在自己的教室隨時開放教室、受邀在海內外各地演講、舉辦工作坊，他們一直精進，就會有愈來愈多的李崇建和張輝誠，然後去幫助更多老師轉變與成長，更多老師就能幫助更多學生轉變和成長，這是多麼美好的、善的、正能量的循環。

所以我特地邀請崇建，在為學思達核心老師培訓過薩提爾的基礎上，繼續向上走、往深處透，從拆解走向完整、從好奇走向一致性的表達、從模式走向創造、從表層（感受、觀點、期待）走向深處（渴望與自我，後來我也以此二者做為「2020第五屆學思達亞洲年會」主題，並再度邀請崇建一起主持，也是全場錄影直播），而我也認為，這個歷程不會只是學思達核心老師的成長之路，將來必定也會是崇建的學生、讀者、甚至有心學習薩提爾的重要歷程。

如此重要的歷程，不能只是單純辦場對談，所以我堅持要錄影、還要整理成書，因為崇建說明和示範時的快速度、超豐富、高難度，如果沒有錄影，就沒辦法反覆學習，更不用說親眼看到什麼是應對姿態、語速了；如果沒有出書，就會發現觀看網路影片還要一再重複倒帶觀看，也未必記得起來，所以還要辛苦做出筆記；況且，如果有書可以閱讀，閱讀速度快過看影片的速度，當然，看影片，也有看書無法取代的優勢，兩者兼具，相輔相成，多麼美好。——這也是學思達最重要的精神，老師不會壟斷知識和資源，而且還會想盡辦法幫助學生順利自學、減省學習時間、增加學習效益、提高認知目標，更重要的是，幫助學生不需要老師也可以順利自學、反覆學習，——影片和書，都是老師最佳分身。

這也是我如此堅持要舉辦對談、要全程錄影、要放在網路、要集結出書的主因。雖然崇建有時會說一下不要放網路、不用出書等等，但都是在我的堅持下，他還是接受了，真的謝謝他崇建。後來陸續有來自世界各地的回饋，我都盡可能傳給崇建看，主要是告訴他，也告訴我，這件事做的太對了、太有意義、太有價值了。

能夠促成這件美好的事，主要是學思達基金會夥伴（敏慈、蔡蔡和奶茶），還有雨果基金會夥伴（林文煌董事長、Candy和淑伊等夥伴）的大力相助，還有親子天下團隊支援錄影和出版。謝謝大家。附帶一提，崇建、我、進成和明融，決議將此書的版稅，悉數捐給學思達教育基金會，做為改變台灣教育的支持。

最後，這本書、這場座談、這場錄影，我認為幾乎可以說是薩提爾冰山對話的全展開。「幾乎」的意思是，還差一個重要的體驗，關於體驗，我建議去參加崇建主持的工作坊，這樣就能接觸到全部了。——崇建的工作坊，早就不需要我畫蛇添足宣傳了，因為就算想去，場場秒殺，也未必能報上名，因為競爭報名的不是只有新學員，還有不少是想回鍋複習的舊學員（連我都參加過四次工作坊了）。

真的報不到名怎麼辦？

我的建議是：繼續報、或者再報其他場。這麼努力了，還是報不到怎麼辦？那就先看這本書，多看幾遍，一讀再讀，我相信一定會有很多收穫，然後終有一天，一定會報上名的。

—序文—

和諧是最美妙的經驗

李崇建

這些年我常推「對話」，起心動念是和諧。

二十年前我初識薩提爾模式，見貝曼老師於台上，展示一場精采對話，來訪的對話者與人不和諧，在家庭、職場都不和諧，被無可奈何困住了。

貝曼的對話如凌波微步，當時只覺高妙異常，看不出任何章法，幾句問話進入對方內心，讓人覺察自己不和諧。貝曼再循序漸進，建構來訪者的內在，從和諧的自我出發，帶出與眾人和諧的應對。

貝曼師承薩提爾女士，我因此一頭進入學習，師從約翰・貝曼老師、瑪麗亞・葛莫利老師，進入專業訓練與工作坊，我學習跟自己連結，也運用在家庭之中，運用在課堂之上，運用在各個領域。

和諧是美妙的經驗。

從個人的和諧，到家庭與整個社群，我都冀望能夠和諧。和諧來自於理解，理解自己、也理解對方，繼而能夠彼此覺察，覺察自己也助人覺察。人們通常透過對話連結，語言是人的主要工具。

比如：遇到困難的孩子、相處出狀況的伴侶、固執己見的爸媽、出狀況的學生、職場難搞的客戶、很難相處的同事……。

但我發現語言是雙面刃，一般人原來不會對話，常用語言傷害彼此。因此我在對話中，注入「好奇」的素養，期待人們在對話中，能養成好奇的習慣。

二〇一九年五月份，我赴西安參與「薩提亞」大會，向貝曼老師報告，也向薩提爾同儕報告，我將「好奇」導入日常生活，作為學習薩提爾模式入門，也提出好奇的框架，比如不要踩地雷問句、建議的好奇問句脈絡。貝曼老師很鼓勵我，握著我的手稱許。

西安薩提亞大會當日，貝曼老師談薩提爾模式，指薩提爾模式是「提問模式」（Question Model）。我聽了貝曼老師開講，更有心將「好奇」素養，推動成薩提爾模式前導車。

我演講薩提爾模式，遇見張輝誠老師，他推動學思達教學法，很敏銳的覺察此模式，熱情邀約我公開講座，甚至一場場現場示範，示範如何對話？示範如何重整人的內在？示範教育現場的應對……。

輝誠在學思達推廣，一段時間之後告訴我，是否不只講好奇？否則大家只會好奇，都不會表達自己了。

溝通包括聆聽、表達與好奇，而這些基礎是覺察，覺察自己的應對姿態、感受、觀點、期待、渴望，甚至是自我。

這就成了這本書的原型。我應輝誠的邀約，與教師們對談十幾個小時，邀集以明融、進成等學思達核心教師，從好奇的概念談起，以好奇為出發點，幫助彼此理解、覺知，談及好奇的誤區，如何運用回溯與具體事件？

這些談話的框架，都以冰山為基礎，澄清、解釋與示範冰山各層次，再談到表達與一致性概念，並且示範課堂運用。

我與學思達的夥伴談話，受到各地學員的回饋，我收到來自台灣、大陸、香港、澳門、馬來西亞、新加坡、南美、歐洲、美加、日本各地訊息，紛紛表達這十幾個小時的對話，讓他們擁有很多學習，更多人稱讚輝誠的功夫，懂得在關鍵處提問，以解多數人學習的困難。

回想當初輝誠邀約，進行兩日的對話，其實我並不熱中，包括整理文字出版，我也完全沒興趣。但是輝誠很堅持，他堅持一個想要的方向，他是有熱情的人。相對於我的不熱情，某些人的堅持，我很懂得欣賞接納，因此順遂輝誠的選擇。

我重新整理校閱書稿，覺得這本書頗特別，我很少講那麼多概念，也少進行那麼多解說，夾雜著對話與示範，我想也許對一些人有幫助？但無論有無幫助？我仍然是全力以赴完成了，完成錄影、校稿與整理，如今完成書的序，就是最後一道工序了。

這本書的完成，要感謝輝誠的推動，寫手的整理與再現，親子天下團隊支持，包括錄影、促稿、編輯與出版，還有學思達的夥伴們，我們共同走了一段路。

這是我不預期的一本書，並不代表我不愛「她」，我對於出版的每一著作，我都感到珍惜並且重視，也願這本書為眾人帶來幫助。

目錄

第一日

沒有好奇與關心，說不出傷痛

好奇是什麼？好奇就是我主導一個議題，引導著你往前走。
所以，表面上我是好奇，但其實我就是舵手，
舵手要引導船，引導到人性最光明、最美麗、最有能量的地方。

對談的第一日，崇建老師早早準備好，邊讀書邊等待友人到來。窗外陽光燦燦，輝誠、進成、明融，接連到來。這幾位與崇建老師一同為教育工作盡心盡力的學思達夥伴們，依約前來。

這天，針對來自各國與各界老師提出的問題，崇建老師將與夥伴們更深入的探討，包括薩提爾在教育現場的應用。此外，崇建老師先前曾與學思達夥伴們談及「覺察」對於老師與孩子的幫助，關於覺察，老師們心中各自懷抱著疑問，他們想請崇建老師針對覺察說得更明白透澈，基於以上種種，而有了這次的相聚。

他認為先從敲開孩子的冰山、老師們深感執行不易的「好奇的對話」開啟討論，是個適當的切入點。

崇建：

幾年前我發現，在跟所有人對話的過程中，有個狀態十分明顯：當家長、老師們在面對困難時，這個困難始終都沒有被解決，卻不斷運用同一個方法應對，比方說用責罵或是用各種技巧，拐著彎要讓孩子改變，但成效都不大。

我試著歸納過去經驗，我回應孩子的狀態裡，發現最主要的應對方式，都是「好奇」的問句。而好奇的方式，比起責罵或其他拐著彎的技巧，更來得有成效，因此後來我非常大膽的、大量的去推廣「好奇的應對」，給教育現場所有的老師與家長。

但是好奇這樣的應對方式跟方向，對於所有人而言是陌生的。我們的狀態，其實還是回到過去二十世紀、那種在權威體系架構之下所做的應對狀況，而不是真正在二十一世紀這種多元的、分享的、理想的應對架構裡面，也就是——**我們對好奇的素養不足**。

舉例來說，一個十五歲的孩子每天沉迷於網路，他不願意好好讀書跟學習，上課時常打瞌睡。老師在面對這個小孩的時候，最常使用的應對狀況是責罵他。不妨試著想像，去責罵一個孩子時，小孩內在的冰山系統會有什麼樣的連結？被老師責罵，他可能會生氣或是沮喪，他會對這個世界、對老師、對功課都產生負面觀點。

再來到冰山系統中的「期待」層次，他對自己的期待雖然很深，但失落會更深，更別說能夠連結到自己的價值層次。那麼這個小孩的冰山系統，不會是理想的狀態，他的表現也不可能會變好。

冰山是什麼？薩提爾說冰山就是一個人的隱喻，我們把它稱之為內在系統。也就是每一個人都有他內在運作的系統，它是獨一無二的。內在系統我們把它區分為：行為、應對、感受、感受的感受、觀點、期待、渴望、自我。這個系統會不斷地流轉，而每一次轉動會帶來一個很大的衝擊。

假設一個孩子覺得自己什麼事都做不好，對這個世界產生疏離感與敵意，如果有一個很有力量的人告訴孩子：你可以這樣做。那麼請各位試想，他內在的感官與看法會起什麼樣的變化？長久之後會有什麼樣的效應呢？

這個應對的方式，就是教導孩子，或者對孩子說道理，我稱之為給答案的模式，但是孩子很難做得到，孩子不僅不想靠近大人，也會對自己感到沮喪。再假設，若是用好奇與孩子應對，產生以下提問：

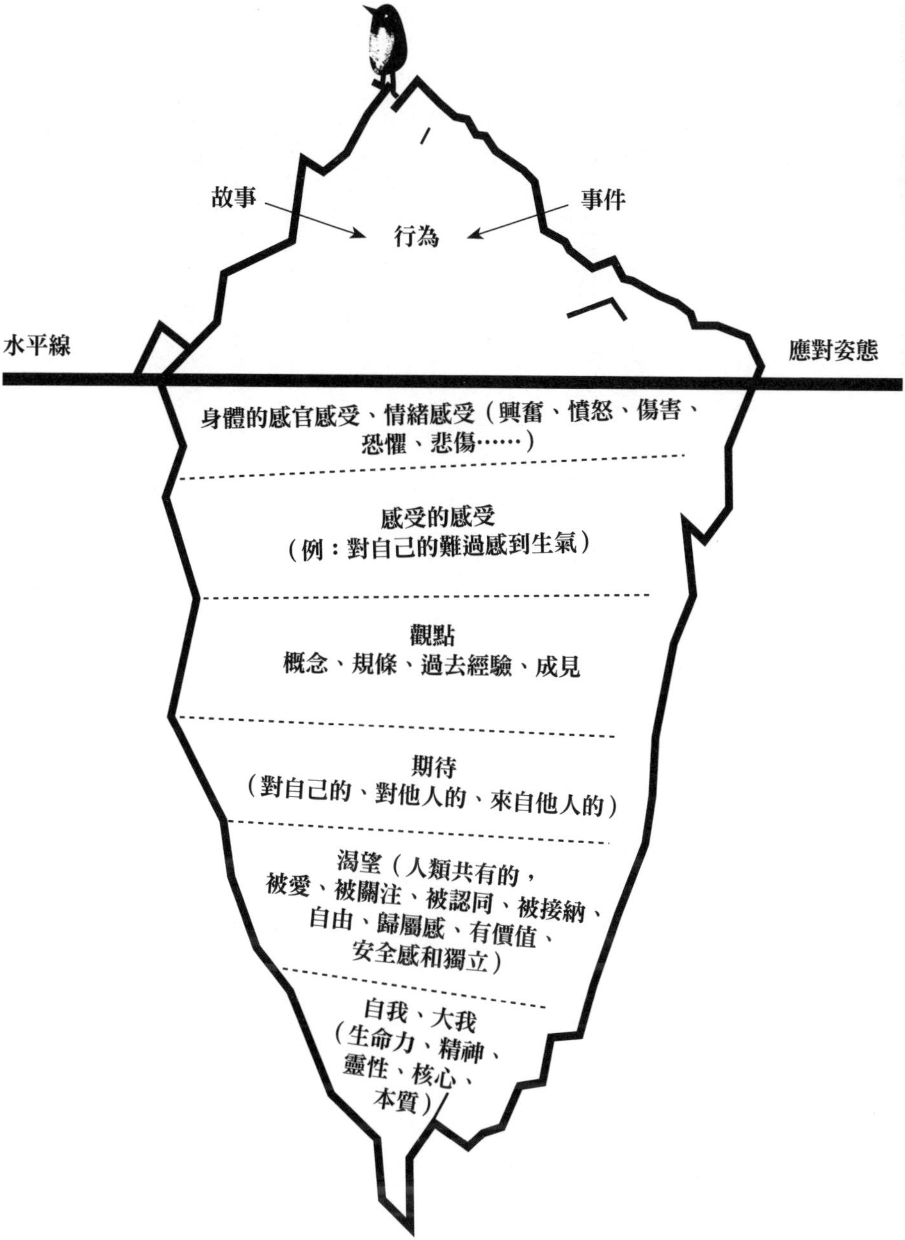
故事
事件
行為
水平線
應對姿態
身體的感官感受、情緒感受（興奮、憤怒、傷害、恐懼、悲傷……）
感受的感受
（例：對自己的難過感到生氣）
觀點
概念、規條、過去經驗、成見
期待
（對自己的、對他人的、來自他人的）
渴望（人類共有的，
被愛、被關注、被認同、被接納、
自由、歸屬感、有價值、
安全感和獨立）
自我、大我
（生命力、精神、
靈性、核心、
本質）

你怎麼了？
發生什麼事了？
你想要什麼呢？
你希望我怎麼幫你呢？
你從什麼時候開始變成這樣的？
你什麼時候開始失望了？
你是怎麼開始對人失望了？
你怎麼開始對功課失望了？
我這樣子說，你會覺得沮喪嗎？
你會不想跟我談話嗎？

透過好奇的系統去運作的同時，我們能看到孩子的內在系統，逐漸變得寬鬆、並且比較能得到解放，他的內在系統會產生比較好的連結跟運作。常有人問我：為什麼崇建老師要推展「好奇系統」？

那是因為我們缺乏可以幫助個案、幫助孩子、幫助老師、幫助家長能更有效地站起來的方法。當透過好奇的狀態去做連結的時候，通常可以看到孩子與大人的轉變。但我不曾遇到過困難嗎？有的。

在傳統的薩提爾學派裡面，原本是不存在框架的，刻意要去導入好奇這個框架，可能會帶來危險。但對我而言，我並非執意涉險，而只是想提出一個這樣的入口，也就是簡單的引導。是什麼呢？比方說：回溯。

回溯就是：你從什麼時候開始這樣想？

當孩子問你：「人為什麼要上學？」很多大人找不到方向跟孩子連結時，只要回溯：「孩子，你是什麼時候開始這樣想的？」通常就能夠打開一道如同泉水的開關，水慢慢的就能流出來。

其實在薩提爾的系統裡面，所有的帶領都是好奇的模式，我的老師貝曼（John Banmen）把它歸納為——**提問模式**（Question Model）。用提問（question）去跟別人連結，而好奇就是提問模式裡面很重要的一個方向。因此，它完全符合了薩提爾模式裡面的提問模式。

「好奇系統」不是用來做分析，也不是用來解決問題，而是用來做連結。

我希望「好奇」能夠成為現代人的素養，因為好奇能使一個人在面對這個世界的時候更謙卑。懂得好奇的人，他不會說：啊，這個事情就是這樣、就是那樣。人的謙卑性會在我們練習好奇的過程當中，慢慢的展現出來。然而所有的大人，在練習好奇的時候容易卡關，不知道怎麼好奇下去。此外，在學習好奇的初期，往往會遇到兩個狀態：

一、**卡住了：**我卡住了，我不知道怎麼進行。

二、**我會好奇了：**可是我的好奇都很凌亂，怎麼東問一個、西問一個，老是在原地打轉，好像沒有什麼進展。

另外一個最重要的、也是讓人最難理解的是：假設我們要對個案好奇，對學生好奇、對孩子好奇，那麼其實你是帶著你的冰山、也就是你的內在系統，去面對孩子的內在系統，但這裡就遇到了一個困難。

如果你的內在系統出現了傷害，你的受傷會主導著你外在的框架，但卻不自覺，它很容易變成一種欺瞞自我的行為。你有你的內在系統，孩子有他的內在系統，我們要怎麼樣去澄清與連結兩個內在系統？

舉例來說，內在系統來自於原生家庭，比方說，在我小時候，我的母親離我而去，那麼將來遇到一個離我而去的學生、不認同我的學生，我的內在就很容易出現傷害，出現焦慮。假設我在自己的內在系統不覺察，還假裝我很好奇，只在外在系統好奇一個孩子，那麼就是一條不歸路，因此，好奇的複雜與困難就在這裡。而在好奇的狀態裡面，老師又會遇到哪些困難呢？這些困難就是：

孩子還是需要被你引導、還需要你給他規則。因此不是只有好奇，還需要你表達你的規則、表達你的連結。

所以你需要表達，你需要給他規則，在好奇的框架裡面又要穿插出規則與表達，老師們在實踐時就會遇到一些障礙和困難。

進成：

崇建，我對你剛才說的話產生了好奇。當我們在進行好奇的提問時，你提到可能會出現幾個局限性。第一個是缺乏素養，所以不知道怎麼提問；第二個是提問可能會很凌亂；第三個是提問者他有自己內在的傷痛，但他沒有去覺察，所以在提問過程中他可能只是用外在系統去好奇一個孩子。

另外我還想到一種狀態是：有些人會覺得當自己有比較多的好奇時，擔心會讓被問話的對方陷入傷痛中，而自己又不是專業的輔導諮商者，不懂得如何去處理才好。關於這幾個疑問，崇建的看法是？

崇建：

通常在回答這些問題時，我都會先問對方：「你曾經遇過這個狀況嗎？」這個提問的方向，就是更了解提問者，也讓提問者對問題有覺察。所以我現在聽見進成的提問，我也是問進成：「你曾經遇過這個狀況嗎？」

進成：

若以我的處理方式，我會覺得該找專業人士的時候，就該去找。但我確信好奇的對話方式，絕對會比用指責的慣性與孩子對話，還來得更好。好奇的系統反而幫助了彼此、或幫助對方去看見問題。當然傷痛並不是你沒有問出來，它就會自己痊癒，所以，在對話的過程中看見了對方的傷痛，但也承認自己有所局限，因此去尋求專業的協助，這是我的處理態度。

崇建：

進成，我想再進一步討論你所提到的疑問：假設提問之後，對方進入到傷痛的狀態。所以我想進一步提問，若你遇到這種狀態該怎麼辦？你會怎麼做？

進成：

關於這個問題，我想先問明融會怎麼做。

明融：

怎麼就這樣轉到我身上了（笑）。

我較常遇到的狀況是——**如果自己的好奇與關心沒有展現，孩子真正的傷痛是說不出口的**。通常要經過滿長一段時間，孩子才突然會在某一天鼓起勇氣說出口。這是因為信任需要經過醞釀，孩子可能一年、兩年後才願意告訴你過去那個巨大的創傷。這時候當然需要輔導系統或其他方式來介入，但我還是會一直保持關心跟好奇，我會明白的讓孩子知道：當你不願意說，你想暫停，你可以隨時喊停。

崇建：

我組織一下明融所說的，剛剛明融提到了一個東西叫做「界線」——我還可以再問嗎？我是否還可以在過程當中探索多一點？這就是我的界線在哪裡。過去界線這個詞，幾乎都是心理學界所帶出來的一個專有名詞，比如說醫病關係的界線，心理師與個案的界線。

我很喜歡的是，當透過好奇、關係被帶出來了之後，所有的老師開始意識到了一個東西：**師生之間也有界線**。

那麼界線該怎麼拿捏？我們過去很少有覺察，透過進成所提出的議題，我們可以拿捏界線，它能重新被界定、被討論、被檢視，它會在什麼樣的狀況中發生，我們該怎麼應對？這對我而言是十分可喜的狀況。

再回到進成前面所問的問題：「我們的提問很有可能會探入別人的傷痛裡。」我的回答是：如果老師的素養還沒準備好，你只要聽就好了，不要再繼續問下去了。

你知道你正在面對那樣的冰山，而自己內在的冰山也不穩定，你可以停在哪裡。這便是好奇中的其中一個守則。這也是我們會遇到的困難，困難的點是，我認為一定會有人持反對的立場，但我們必須得負重前行。

這是由於**好奇是一種冒險，但也是創造力的工具**。

輝誠：

聽到你們剛才所談的，我想稍微補充。

如同崇建曾說過：當你跟一個人對話，對方的內在打開時，他掉下了眼淚，若是沒有處理好，對方會帶著傷痛回去。因此崇建常講：**當我進到一個人的內在時，我是抱著一種很尊敬的態度，一種充滿著欣賞的、包容的、接納的眼光**。若是我讓他流下眼淚，我要盡可能幫他重建好，讓他的內在可以得到穩定的力量。這是讓我相當感動與認可的一段話。

崇建：

輝誠談到了一個重點：好奇是抱著尊敬的態度進入一個人的內在。**而若不是抱著尊敬、而是帶著隱形的批判性與偏見進入一個人的內在，這會形成什麼呢——「偽好奇」**。

比方說我們假設一個情境：明融是我的孩子，她在該做功課時玩電腦。當我看到明融正玩得不亦樂乎時，我對明融說：「明融，你這樣一直玩電腦好嗎？功課先做好了嗎？如果功課沒做完就玩電腦，成績就會繼續爛下去，你覺得這樣沒問題嗎？」我對明融說的這番話表面上是好奇，但事實上這是個偽好奇，因為我的內在其實出現批判了。

同樣的情境，再打個比方。我對明融說：「明融你知道嗎，進成他以前就是愛玩電腦，把功課都玩到爛掉了。那你還要去玩電腦嗎？我們一起好好的想一想，好嗎？」以上這一段話也不是好奇，這是我的內在系統裡面帶著偏見、我執，一種二元對立的狀態。有趣的是，一般人並不會同意這段話是偏見，這是由於我們過去活在二元對立狀態很長一段時間。

比方說傳統的電腦邏輯是0與1，0與1就是非A即B的狀態、是與非的狀態、對與錯的狀態。非A即B的思考方式限制了我們的判斷——將「玩電腦」與「會讓功課變差」劃上等號，但「不玩電腦」功課就會變好嗎？

到了二十一世紀，我們漸漸脫離二元對立的狀態，例如現在最新的電腦是量子電腦，它是一個有創造力的模組，這個模組最重要的是能帶出另一種類型——非A非B的狀態，一種融通的狀態。

我認為這種**融通**的狀態，它帶來的最重要效果是：**創造力**。因此，「好奇」的狀態，不一定要在A或B的狀態來做互動與拉扯。

當我這個系統要進入明融這個冰山系統時，假設我要讓孩子更棒、更有力量，就絕對不能用同溫層裡的觀點，而是要打開來，**鬆軟我的內在系統，才能夠與孩子做更好的連結——在好奇的對話前先思考：明融有什麼感覺跟想法？而不是用偏見、我執與二元對立觀點來批判孩子的行為**。

我認為當「好奇」成為融通、更有創造力的狀態，不再是過去非A即B的二元對立「偽好奇」時，我們的孩子、以至整個群體與整個社會，才有向上提升的可能。這也是我對各位的期待。

輝誠：

感謝崇建的提醒，老師或是家長在進行好奇的對話時，的確十分容易落入二元對立的隱性批判陷阱，形成「偽好奇」而不自知。當我們在培養好奇的素養時，這確實是該留意的陷阱。

在此我想到，崇建一開始曾提到，進行好奇的對話時，有個簡單的引導方法——**回溯**。是否能請崇建針對回溯進一步說明呢？

崇建：

前面我說，回溯就是：「**你從什麼時候開始這樣想？**」這是一個橫向的歷程性的框架，將具體的事件由遠而近聚焦。舉個例子，明融跑來跟我說：「我只顧玩電腦，爸爸罵了我一頓……」這是一個冰山最上層的具體事件。

若我的好奇的素養已經培養得不錯，可以這樣問明融：「那你做了什麼事讓爸爸罵你呢？」這就是回溯，是在回溯中讓對方覺察。接下來還可以這樣問：

爸爸這樣子罵你，你有什麼感受呢？

那你希望爸爸不罵你嗎？

你對自己有什麼期待呢？

當爸爸罵你的時候，你覺得自己被愛嗎？

以前爸爸曾經這樣罵過你嗎？

你也這樣子罵過別人嗎？

當爸爸罵你的時候，你對於爸爸這樣的狀態，或者你去玩電腦這件事，有什麼看法？

那你是怎麼看自己玩電腦這件事的呢？

由此能看到對話由遠而近、不斷延伸，讓事件的歷程性更清晰。問：「那你做了什麼事讓爸爸罵你呢？」之後，明融回答：「爸爸吼了我之後，我就把門用力關上了……」

接下來可以這樣問明融的「應對姿態」之下的「感受」：

我：你把門關上的時候，有什麼感覺？

明：爸爸罵我的時候，我很生氣，所以我就吼回去，把門關起來，我就變得好難過……

我：當你把門關起來的時候，你希望自己這樣做嗎？

明：不，我並不希望自己有這樣的應對，我希望能跟爸爸好好說話。

我：當你這樣做的時候，你覺得自己是一個什麼樣的孩子呢？

明：我覺得我真糟糕，我不是一個好孩子，我不值得被愛……

我：你是怎麼學會關門這一招的呢？以前有誰這樣對你嗎？

你們會發現，我的問話是完全流動的。這就是回溯的引導方式，問法可以有很多種。問到各層次也能用穿插回溯法：

那麼你怎麼看待自己這樣的應對呢？

這個應對是怎麼學來的呢？

你怎麼看自己的呢？

進入**感受**之後還有一個層次，叫做**感受的感受**，可以這樣問：「你對你的生氣有什麼感覺呢？」明融回答：「喔……我很愧疚……」**接著我可以在感受層次工作：**

你會希望你不要生氣嗎？

你生氣的時候，會覺得自己是沒有價值的嗎？

你以前曾經有過生氣的經驗嗎？

你對你的生氣有什麼看法？

你在生氣的時候，覺得自己是怎麼樣的一個人？

……你們會發現，變化跟進展是非常細微的。

進入感受的層次之後，還可以再進入**觀點與期待層次**。

比方明融這麼說：「我希望我是個好孩子，能夠好好讀書，可是我有了這個期待，卻有一個很悲傷的感受……」當明融這麼說，你就知道他的內在系統出現了一個問題：有了一個期待，那明融做了什麼？他有去做功課嗎？沒有，他去打電腦。因為去打電腦，而發生了一個事件。

你會發現回溯就是：**過去經歷的那件事，對於現在影響的關聯性**。而在回溯的這個問話系統下，渴望層次當然也可以帶出來，自我的層次也能帶出來。

因此我常說：好奇是好奇什麼？好奇讓你成為今天這個狀態，它並不是一個突如其來的，它一定有一個原因。因此我們要尊重歷史，它叫做**回溯**。**回溯能讓一個人、一個孩子有所覺察，能夠進入到為自己負責的狀態**。

學了好奇之後，就去搭好奇的框架來做冰山的鷹架吧。

在冰山的鷹架裡面，你可以是個建築師、室內設計師、甚至是麵包師傅。每個人搭出來的鷹架一定都不同，可以是日系、歐式、美式、台灣民間傳統的風格……不管是哪種風格都非常美麗。

輝誠：

在聽崇建談好奇與回溯時，我有一個很深的感受。我彷彿感受到冰山裡面每一層都有一個小冰山，每一層都可以問，小冰山又可以移動，因此它不是一個平面、而是立體的，而且有一條時間軸貫穿。

崇建：

聽了輝誠的解讀我發現，薩提爾模式或者冰山系統，每一個人所理解跟學習的層面不一樣，就會形成不同的觀點跟解釋。

什麼是冰山呢？我們應該這樣理解：冰山就是你從童年所接收到的，腦神經的應對狀況。就是你的杏仁核與前額葉的運作，你的整個大腦思考系統的皮質層的運作。比如說，假設童年時媽媽離我而去，那麼在我的冰山系統裡面會出現一個狀態——當我被拒絕時，會有很深的被遺棄感。因此我應該要去覺察，遇到很深的被遺棄感的時候，我應該回到我的被遺棄感裡面，去檢視我的冰山系統發生什麼事，而不是去指責那個遺棄我的人，這個就叫做**歷程性**。

再舉個例子，假設明融跟進成是夫妻，我跟輝誠是兄弟，當我們還年幼時，明融與進成不斷的吵架，兩兄弟都被忽略了，那麼我內在的冰山系統裡面就很容易出現兩個狀態：

一、我很孤單的狀態，我會產生出害怕。

二、我喜歡孤單的狀態。

兩個矛盾的模式同時存在你的冰山系統裡面。這就是一般人常會說：我不知道我要的是什麼？我不知道我要的是孤單，還是不要孤單？

去檢視你冰山系統的成因，它在你的腦神經裡面，一個自然而然的應對就出現了。如果把它做回溯的一個系統來看，這就是剛剛輝誠說的：**它是流動的**，**它在每一個地方的流動**，**形塑了我們的觀點**。所以我們的觀點並沒有什麼特別之處，觀點不過就是我們在冰山整個成長的歷程裡面，流動過後來到今天的狀態。

這就是為什麼我們要用一個完整的眼光去看生命，而不是用敵對的眼光去看生命。

進成：

聽到這裡我想分享自己的經驗。

剛開始在學習好奇的時候，其實我真的很害怕，可是後來我聽到崇建講了一句話，這句話讓我鬆開很多，崇建說：「你一開始就亂問，不要怕犯錯。」我就真的開始試著去這麼做了，也得到了突破。關於這一點我想特別提出來分享。

另外我還想提出一個點：當我自己覺察到自己的冰山系統，原來過往的傷痛是會影響到我的對話時，我刻意的去做整理了，但在跟孩子對話時又不自覺的投射出來，這個當下我的做法通常是先跟孩子表達：「老師現在真的有點生氣，我沒有辦法跟你講話，待會老師再找你談。」我會開始為自己爭取一點時間跟空間，不要讓我的內在去影響對方。不曉得崇建對這兩個點的看法如何？

崇建：

進成說這幾個點我覺得切中今天的主題，就是——雖然好奇有局限性，但我還是很鼓勵大家「**犯錯的好奇**，**大膽的好奇**」，**我鼓勵各位犯錯**，**犯錯就是一個誠實的示範**。

有些時候我們太看重自己做錯的部分，而忽略了以整體的觀點來看，這也是一種二元對立，也就是說，我們太看重結果，而不重視歷程。在努力的想要往前走時，不是去看做得好或不好。好或不好就是評斷。而是去看見自己的認真跟努力，它就是歷程，人只有在歷程裡面才會往上走，這便是好奇的核心狀態。

另外進成提到的第二點，其實你剛剛已經做出了很好的示範了。我認為，每個老師都可以做出一個——應對的ＳＯＰ，可能是薩提爾學習者最不願意聽到的話，因為薩提爾並沒有ＳＯＰ。**我鼓勵老師們做出符合自己的ＳＯＰ**，比方說進成的流程是停下來，跟孩子說「我現在有點生氣了」，那麼我回去整理自己以後，再過來跟孩子重新連結。你可以問自己：這個狀態對你來說是ＯＫ的嗎？你喜歡嗎？

如果ＯＫ、如果喜歡，這就是屬於你的ＳＯＰ。它不是一個綁定的流程，是個人化的一個流程，覺得ＯＫ了就以此為基準點，欣賞跟看重自己，繼續往前邁進。

進成：

其實我也滿好奇，明融遇到這樣的狀況時會怎麼做呢？

明融：

我想的是：**我怎麼去接納自己在這個過程中會犯錯**。可是一個很有趣的點是，當我一直想著不可以犯錯、或是不夠大膽的對話時，我的學生會更害怕回答問題，因為他們會預設要回答出老師想要的答案。

所以我的做法是，問錯了也無妨。在與學生對話時，我經常會再多問：「老師剛剛那樣問，你會覺得被冒犯嗎？」如果學生說：「我不想回答。」那麼我會先暫停對話。

崇建：

過去我跟明融的談話，其中一個我很欣賞她的部分，是明融常會在對話的過程中問：「我這樣子問你會不會不想答？」或許我會換另一種問法：「我這樣問你會不會比較想答？」表面上來看好像是在對話技巧練習，可是實際上是：

我們願意尊重另外一個靈魂，另外一個生命，我們悄悄的跟他靠近，它並不是在磨練技巧，而是透過這種狀態去連結兩個靈魂。

此外我想反問明融：當你第一次這樣問孩子的時候，你的內在系統裡面有出現什麼狀態嗎？比如說，會尷尬嗎？會卡卡的嗎？會有什麼不安嗎？

明融：

我記得你曾對我說：明融你要大膽一點。這句話讓我想了許久，因為過去的我對什麼都要完美，包含連對話都要是完美的。後來我發現當我對孩子問出不是他們所期待的問題時，孩子會發現：原來老師也會犯錯呀！這個**停頓**我反而覺得，我跟孩子彼此之間是鬆動的，不像先前那樣緊繃了。

崇建：

明融，我想這樣追問你：在決定大膽一點之前，你曾經有過問錯的狀況嗎？當時的狀況，跟後來決定大膽一點，鬆動你內在的這兩個冰山有什麼不同？我之所以想這麼問，是在**幫助你覺察**，覺察過去與此刻。在《薩提爾的對話練習》這本書中，這種引導覺察的方式叫做「正向的好奇」。

薩提爾模式是正向（positive）模式，但跟一般的正向不同。一般的正向也許這麼回應明融：「明融你好棒喔，你會覺察，真了不起！」但一般人或者孩子們，他一聽就知道這是一個策略，並不會對這樣的說法有特別的感覺。因此在薩提爾模式中，我們把正向跟提問連結在一起，就像我問明融：

在過去的狀態你是這樣嗎？
不是？那麼你現在的狀態跟過去的冰山狀態有何不同？

明融可以用這兩個方向簡單回答就好：
第一，它有什麼不同？
第二，自己是如何轉變的，為什麼轉變？發生了什麼事？
此外也許我會再補問一句：「你向來都是大膽的嗎？」
明融或許回答我：「是，我向來是大膽的。」
我再接著問：「那麼你是怎麼個大膽？」
又或者明融回答的是：「喔不，我不是大膽的人。」
那麼我便可以問：「那麼發生了什麼事，讓你在那個當下這麼大膽？你是怎麼轉變的？」……提問自始至終聚焦在正向。

因此薩提爾模式的第三個模式，貝曼在二〇一九年五月的演講說：**薩提爾模式是一個量子模式**。什麼是量子？

當我在此時此地聚焦，明融也認可了她的大膽的狀態當中，量子的能量就在此時此地發展，它牽涉到量子力學裡面的能量場。因為這能量場，明融看自己的眼光不一樣了。

由於我看她的眼光，透過我的好奇問話，聚焦在這樣的量子裡面，那麼明融就會給自己一個暗示——我是大膽的，我是不一樣的。這就是為什麼好奇的提問，它會引導眾人開始對一個議題產生偏離慣性的思考，比方說一個孩子問：「爸爸，為什麼天空是藍的？」若無意外，這位爸爸會突然停在原地，去思考這個問題，儘管天空是藍色是恆久不變的常理。

因此，好奇的對話它能帶來一個非常棒的禮物——它引導著我們進行開創性的連結。當正向跟提問的模式進來了，那麼這就是一個量子，在這個地方發酵的狀態，就是我們教育工作者最想要去追尋與點燃的狀態。

明融：

崇建說到這裡，我想就剛才你的提問來回答前後不一樣之處。

過去的我雖然想接納自己會犯錯這件事，可是在那個當下，如果學生告訴我：「我不喜歡老師這樣問。」我只會看見一個可能問得不是那麼適當、但很想關心孩子的老師。而試著大膽之後的我，會在犯錯之後更進一步對學生說：「雖然老師問得不是那麼恰當，但我是很願意關心你的。」

我覺得這就是承認了我自己，我願意接受我自己是一個會問得不適當、會問錯問題的老師。當我不再要求如何完成一個好的對話時，我覺得和學生之間的相處更放鬆了，更能夠深入學生的真實內心。

崇建：

雖然明融並沒有真正回答到我的點，但你剛才所談到的與學生的對話，如果那個對話走得夠深、夠細膩，你應該會為自己的感動而落淚。也就是：**薩提爾模式的對話通常能走到渴望的層次**，讓自己完全意識到身體內在的能量，而進入落淚的狀態。

這就是之後我希望幫助孩子進入覺察、進入專注裡的操作方式。我想，針對「好奇的對話」今天我們就談到這裡吧。

最後我想總結：好奇到底是什麼？

好奇是什麼？好奇就是我主導著一個議題，引導著你往前走。所以，表面上我是好奇，但其實我就是舵手，舵手引導船，引導到人性最光明、最美麗、最有能量的地方。

第二日

透過覺察安頓自己

感受是為生命體、是為人服務的。而感受之所以為人服務，是為了提供生命的訊息。

感受狀態裡面的覺知，是覺察中很重要的一部分。

不只在發生危險的時候才覺察，應該是在每一個當下都覺察。

第二日，學思達老師們對於前日與崇建老師間的那番談話，感到意猶未盡，對話於是展開，今天還有新朋友珊珊老師的加入。在談過好奇的應答之後，這回崇建老師想更深入老師們的冰山，探討「覺察」對於應對自己與應對他人、安頓自己與安頓他人的幫助。

崇建：今天有位新朋友珊珊，那麼就從珊珊老師開啟我們今天的主題「覺察」吧。是否能請珊珊分享你的覺察經驗呢？回想一下你自己曾在什麼樣的狀態下，進入到覺察的狀態。

珊珊：上個禮拜我正好有一次覺察的經驗。

那一天工作不太如意，而長官又對我呈上的公文有意見，給我下了指導棋，心情上處於慌亂的狀態。從長官的辦公室離開走回我的座位，卻發現同事把我原本擺在牆邊那一箱箱的書，搬到我的座位旁邊來。見到這個狀況，當下我的心情更是盪到谷底，忍不住對同事說了一句帶酸的話：「謝謝你這麼幫我。」同事似乎沒察覺到我的話中帶話，接著我心中充滿怨氣的把那一箱箱書再搬回牆邊。

回座位坐下之後，我開始覺得我整個人被情緒脹滿，全身發熱，混亂的思緒在腦中流竄。我開始思考：**這一連串的事情碰到一起，我的混亂到底來自於哪裡？**

由於此時已是下班前，這時候一個好朋友 Line 我，問我：「今天順利嗎？」我負氣回朋友：「今天一整天到剛剛那一刻，我都是順利的。」朋友接著回我：「你怎麼了？要跟我通個電話嗎？」我說：「不需要，如果跟你通電話，我覺得我會哭出來。」

我想這應該是個自我覺察的過程。

崇建：

珊珊，你剛剛所陳述的那一段，哪一個部分你認為是覺察？

珊珊：

我知道自己在情緒當中，這部分算是覺察？

崇建：

我再問你第二個問題：你說有個長官說你的公文寫得不好，對嗎？到後來你跟同事說謝謝，去把書搬回原處，接著好朋友寫 Line 給你，你從哪個時候開始覺察到情緒？是在情緒開始發生的時候覺察？還是事情發生的中段？或是事後才覺察？

珊珊：

應該是在整個事情的中段開始覺察吧。

崇建：

那麼這個覺察有對你帶來什麼幫助嗎？

珊珊：

我覺得覺察沒有讓我的情緒變得更混亂，或是做了不適合的應對，至少我克制說出更多可能讓人難堪的話了……。

崇建：

我再進一步問：如果你沒有覺察的話，你覺得你的情緒會更混亂嗎？會出現什麼樣的狀態？

珊珊：

其實那時候我的眼眶已經濕濕的了，如果沒有覺察，我的各種情緒會糾結在一起吧。加上我的座位是在辦公室的最後面，我想不會有人發現到我正處於糟糕的情緒狀態。

崇建：

假如你沒有覺察，那麼你坐在辦公室後面的狀態，會是如何？

珊珊：

我想我的身體會很緊繃。其實那時候，我有點想要走到外面去，先稍微哭一下發洩，然後再進辦公室來，打算來個神不知鬼不覺，不讓其他同事發現我的狀況。

崇建：

也就是說，因為你覺察了，所以就不去外面哭泣發洩。為什麼不去呢？

珊珊：

因為我得趕快把手邊的事情做完。

崇建：

聽到這裡，我聽到的覺察是發生在你說：我開始覺得我整個人被情緒脹滿……。

而你說當你覺察到這個情緒時，對你的幫助是：你的情緒就不會淹沒你，讓你做出更不適當的應對。而我的好奇是：**你怎麼知道覺察到這個情緒狀態，情緒就不會淹沒你呢？**能請珊珊再更具體說明和解釋嗎？**你當時覺察到哪些情緒？**

珊珊：

我想，覺察到這個情緒狀態，可以讓我在混亂之餘，還讓我至少能把手邊要做的事情先做完。至於有哪些情緒，至少有生氣這個情緒。

崇建：你知道當時自己在生氣嗎？有告訴自己正在生氣嗎？

珊珊：兩者都有。

崇建：除了生氣，還有沒有其他情緒？

珊珊：應該還有緊張這個情緒，那時候還有一點無助。

崇建：那你當時有告訴自己正在緊張與無助嗎？

珊珊：
都沒有。

崇建：
因此你最重要的，就是想到自己是生氣的。

珊珊：
沒錯。

崇建：
珊珊，請你進一步告訴我，當你想到生氣的時候，你生氣的狀態變成了什麼？比方說你的生氣本來是八、九十分，在覺察到生氣時，分數還是九十分嗎？或是有往下降？如果有下降，那麼用數字來表達，生氣的程度降到多少了？

珊珊：
的確有往下降，我想，當時應該是慢慢下降吧。

崇建：

珊珊，這種覺察的方式，你什麼時候學會的？從小就會？

珊珊：

不是從小，而是在當老師的過程中學會。身為老師，我們會去上這些相關的課程。

崇建：

那麼，你常常覺察嗎？

珊珊：

經常覺察應該是這幾年的事，尤其在上過一些課程之後，就覺得至少要懂得先覺察自己情緒，才知道該如何面對孩子。

崇建：

通常我會建議所有人：**不是在發生事情的時候才覺察，而是無時無刻都在覺察**。處在一個非特定的狀態中，要如何做覺察呢？比方說我想再請問珊珊，你剛剛跟在座所有老師述說這一段事件時，內在有任何感受嗎？

珊珊：
的確有一點感受，就是回想起那個當下的狀況時，還是有些激動。

崇建：
珊珊，我發現你剛剛把腿往內縮緊了一下。這個縮腿的狀態，在你的內在裡面是什麼？

珊珊：
啊！我只是在調整姿勢，現在我的腿有點痠。

崇建：
你調整姿勢是因為腿痠？還是你的內在有一點尷尬？或是你的坐姿讓你不太舒服？我想請你覺察，你的內在出現了什麼，而讓你做了縮腿這個動作。

珊珊：

我也許只是想調整姿勢到一個比較舒服的狀態（笑）。

崇建：

調整坐姿是你的慣性動作？

珊珊：

應該是吧。

崇建：

對我來說，那個慣性動作裡面發生了什麼事，也可以覺察。而為什麼會產生這個慣性，也能透過覺察看到它的成因。

剛才我**在一個客觀的事實中，不斷的幫助珊珊去做「覺知」**。在某個看似平常的狀態中，我們經常無意識認為它就是一個本然的狀態，這是一種習慣。但習慣的形成，來自於內在裡出現的軌道，這個軌道就是腦神經輕易的做了一個反應，而我們平常其實並沒有覺知這個狀態。

我之所以強調「客觀的事實」，是因為大多數人看到一個狀態的當下，會說出「主觀的詮釋」。所謂主觀的詮釋，來自於冰山，從童年零歲一直活到現在所經驗到的範疇，而產生了主觀詮釋。用上一回我們所談的「好奇的提問」來說，**主觀詮釋便是一種封閉性的好奇、一種偽好奇**。因此你會發現，很多好奇是讓人家不舒服的，給人帶來一種壓迫感。

所謂好奇應該是：**從客觀的事實裡面，讓對方有所覺察的狀態**。所以我剛剛從珊珊的回應裡拉提出這一點：並不是只有發生事情的時候，再來做覺察，每一個當下都可以覺察。

回過頭來說，珊珊剛剛說調整坐姿是一個慣性，而慣性並不會憑空而來，往慣性的內在看下去，你會發現慣性發生時的狀態，這就是覺察。因此當老師看到一個小孩所表現出的不當行為，一般來說老師的應對方式通常是去指正，但**慣性是內在的狀態所衍生出來的行為，當顯現於外在時，最好的方法就是幫助孩子覺察**。愈是懷著愛與接納去幫助孩子覺察，孩子就愈會對自己多了一點點的認識。

珊珊：崇建說到這裡，我不敢亂動了！

崇建：聽到珊珊說不敢亂動，你們有發現到什麼事嗎？

輝誠：我對珊珊說不敢亂動感到好奇：她的內在發生什麼事了？她怎麼了，為什麼會說出不敢亂動？感到緊張嗎？

珊珊：如輝誠所說，我的確感到緊張了。

崇建：

所以你們會發現，當我們開始靠近一個靈魂時，儘管不是去指導這個靈魂，而是試著去了解，在了解的過程當中，這個靈魂會伴隨著焦慮跟緊張。以珊珊做為例子，此時你可以接著問：「這個緊張可以嗎？我還可以繼續問下去嗎？」

珊珊：

可以。

崇建：

珊珊當你在說可以時，內在發生了什麼狀態？此刻有什麼感覺？

珊珊：

我回答不出來……

崇建：

當珊珊在說無法回答時，我先跟各位陳述她的客觀狀態：她的兩條小腿併攏夾緊，然後往內縮。這是她客觀事實的肢體狀態。也就是當我們以客觀的事實去看全貌時，這並不是對人有批判，而是對人有關注。

當然一個人他在被關注的當下，會產生擔憂，會有很多的緊張感會升上來。但被關注的人產生緊張是沒問題的，如果關注他者的人是懷抱著愛，那麼被關注的人就能體會到：原來我可以用這樣的狀態，這麼赤裸的呈現著。如此一來，這個人的覺察、覺知才會進來。

談到這裡，我想再將發生在珊珊身上的事，從頭到尾再演繹一次：我剛剛問珊珊，她是否有過自我覺察的經驗跟狀態，她提到公文的往返，被長官下指令，然後她做了一連串的動作，前面她提到這讓她感到慌亂，因此坐回自己的座位上時，全身發脹。以上這些都是客觀的事實，是珊珊用客觀的語言提出來的。

接著她說，朋友 Line 她，問她需不需要用電話聊聊，到這裡我打斷問她：從何時開始產生覺察？珊珊說，從中間開始她覺察到自己有情緒，她在生氣。我再問她：你覺察到自己有情緒之後，情緒的程度跟之前有什麼不同？珊珊說，她感覺到生氣的程度在慢慢下降。

以上這些我對珊珊的提問以及她的應對，便是上一回談的「好奇的對話」。

我與珊珊在跟各位呈現一件事：**讓一個無意義的、無意識的動作，變成一個有覺知、有意識的行動跟脈絡**。如果珊珊未來再次遇到有情緒的狀況，我與她這一段有覺知的對話，將會影響到她對於當下情緒的覺察，知道了自己的情緒狀態，或許能感覺到情緒緩緩下降。這就是用覺知的對話，幫助一個人重新看見自己過往的狀態，並且能影響這個人未來的體驗。

輝誠：聽到我想問崇建：好奇有所謂偽好奇，那麼覺察是否有所謂真正的覺察，或更好的覺察？

崇建：輝誠，你提出了個好問題。對我而言，真正的覺察，更好的覺察，它不是只有在事情的當下，火山噴發出來以後我們才覺察。

人是一個生命體。生命與非生命的區隔，在定義上是以感受做區隔。只有非生命體才沒有感受，所以如果一個人沒有感受，就是個機器人，是個物質。感受是為生命體、是為人服務的。而**感受之所以為人服務，是為了提供生命的訊息**。感受的狀態裡面的覺知，是覺察中很重要的一部分。

因此不是只有在發生危險的時候才覺察，應該是在每一個當下都覺察，就是一行禪師所說的：**臨在**。**在日常的每一個步伐中，都能夠覺察當下的處境**。

可是這個地方就遇到一個困難，一行禪師把覺知這種狀態說得這麼簡單，但一般人對於覺察卻是如此困難。這是因為：我們**以為**我們在覺察。

我讀過一本叫《深度洞察力》（*Insight*）的書，作者是塔莎．歐里希（Tasha Eurich），她曾被票選為美國「百大思想領袖」。她在世界財富五百大企業中做了一個研究，發現高達百分之九十五的人說：我有覺察。但她後來調查發現，實際上不到百分之十五的人擁有這樣的能力。

百分之十五對我而言，是非常高、也非常多的喔，我認為這百分之十五的人，並不是在每一個當下都有覺察。好比說，剛剛我看到珊珊做了縮腿的動作，我問她：「你知道自己縮腿了嗎？你的內在出現了什麼，而讓你做了縮腿這個動作？」而我們都發現了，珊珊並沒有意識到自己做了縮腿的動作。

我幫珊珊做覺察的過程，是幫助她覺察「發生的事」，以及覺察冰山水平面之上的「應對姿態」。這就叫做——我覺察我的應對。

比方說我說話時的手勢，這手勢就是我的應對。大部分的人不知道自己的應對姿態，包括我也不一定全然知道每一個應對產生的原因。但如果你開始看見自己的應對，你會發現，這個應對不是沒有由來的。另外我剛剛問珊珊：「你有什麼感覺？」這叫做——覺察感受。

我想跟在座各位老師說，如果你是一個內在充滿好奇的人，去檢查你的應對姿態、你的文字以及語言，是好奇比較多？說理比較多？責備比較多？還是一直不斷在教導別人比較多？……你就知道你的內在狀態，這就是覺察你的應對。在覺察了以後，先不要給自己批判，可以做以下兩個動作：

第一個動作是：好奇自己為什麼會這麼做。

第二個動作是：當自己在做應對的同時，你可以好奇自己內在冰山的底層，有沒有一個感知在發生。

而這些動作老實說並不容易，如同我剛剛問了珊珊幾次她的內在有什麼感受，直到問到第三次時，她才說她有點緊張，而且那個緊張，是應對我問她話的狀態當中的緊張，並不是她剛剛提的那一段事件裡面所應對的內在感受。

所謂覺察，就是得一層一層抽絲剝繭，在每一個當下，分得細微。

輝誠：

也就是說：**在我與你說話的此刻，我的內在，感受是無所不在的**。只是我沒去覺察，而放任這些感受溜走。

但這些感受很可能在不自覺中影響了我的言行舉止、也就是應對姿態，而這些應對姿態也會影響到與我相處的人。

崇建：
沒錯，感受是無所不在的。那麼我想再問珊珊，此刻你的內在有什麼感受？

珊珊：
相較於剛剛在陳述那件事，我覺得現在比較平靜、放鬆一點。

崇建：
從珊珊的回應正好可以提醒各位，珊珊所說的是「**相對**」於先前的情況，但我希望各位覺察的不是相對，而是要你覺察「**現在**」的狀態。舉例來說，如同上一回再次假設明融是我的孩子，進成問我：「崇建，明融現在狀況如何？」我若回覆進成：「喔，她現在比剛剛放鬆。」這句話根本聽不出明融現在到底是什麼狀態。

孩子從何得知父母愛自己？一定是父母知道孩子此刻的狀態，孩子才感受得到父母是愛自己的。

好，再假設明融現在有一點焦慮，進成問我：「崇建，明融怎麼了？」我若回覆進成：「明融很好，她沒事。」請問明融，你會覺得我這個做爸爸的愛你嗎？

明融：當然不覺得爸爸是愛我的。

崇建：那麼孩子怎麼樣才會覺得自己被愛？必定是父母覺察到孩子的緊張，關注了孩子的緊張。

比方我覺察到明融的緊張，對她說：「爸爸看到你剛剛臉皮動了一下，你怎麼啦，你在緊張嗎？」明融回我：「我不知道。」我再問：「發生什麼事了嗎？」明融還是回我：「不知道。」我接著說：「明融啊，你緊張沒關係，爸爸在這裡，爸爸愛你。」那麼這麼一來，明融可能就感覺到被愛。

不只讓他人感受到愛，覺察也能讓自己感受到愛。覺察了以後去照顧自我，這叫做對自己的愛。對自己的愛與滿足自己的期待不同，比方說為了滿足自己的期待去買包包，說這是愛自己，不是的，這是貪愛。貪愛是什麼？就是去滿足自己的期待，這是愛不完的。我認為，愛的能量裡面最重要的是：**全然的接納與靠近**。

買包包這個行為，與全然的接納與靠近自己無關。因此不管自己緊張的、生氣的、焦慮的，覺知了之後都可以去愛自己，這就是愛的連結的開始。對於剛剛以明融舉例也是，若我覺知了明融的緊張、生氣、焦慮之後，全然的接納與靠近她，那麼我們彼此的連結就開始了。

說到這裡我想強調情緒教育的重要，不只是在座的珊珊，我鼓勵所有學思達的老師，把情緒細分成：情緒本身、情緒的應對、情緒的事件。為什麼要分得這麼細？我以我之前去佛教團體演講做為例子。

演講中我告訴學員要「靠近自己的情緒」，演講結束後學員拿著上師的手諭來跟我說：「上師說，不要靠近你的情緒。」我說：「你們的上師說的沒錯，但上師說的是『不要靠近情緒的事件』，你一直靠近情緒的事件，就會形成自憐、自怨、自艾。我說的靠近，是去靠近情緒本身，這就是關愛自我。」

所以我當場教這些學員去「歸納」何謂情緒本身、情緒的應對、情緒的事件。並且解釋所謂靠近，就是去關注、覺察、關愛自我。

進成：

崇建，你剛才用明融來舉例說明覺察，是否能夠再談得更深入一些呢？

崇建：

好的。剛剛我假設明融是我女兒，我看見了她的緊張，問她怎麼了，我說：「明融啊，你緊張沒關係，爸爸在這裡，爸爸愛你。」

明融感覺到被愛。

剛剛我沒說到的是，在她感受到被愛之後，可能因此就掉下眼淚。那是因為這份愛，讓她產生了一種安全感，讓她生出力量，她便不會做出焦慮與緊張的應對姿態。如果把立場換成一位老師與浮躁的孩子。這位老師不懂覺察自己的狀態，那麼當一個浮躁的孩子來到自己面前，這位不懂覺察自己的老師，沒有覺知到因為這個浮躁的孩子而生起的害怕情緒，接下來會發生什麼事，就由各位自己想像了。

再回到珊珊身上。假設剛剛珊珊跟我談話時，她的內在有焦慮與緊張，因此她控制自己的難以專注與自己的兩條小腿。但這並不是在當下覺察自己，而做出的應對。因此，珊珊應該去覺知當下的自己在什麼狀態。

覺察當下是第一道關卡，我深知這對任何人來說都不容易。

我要向在座各位說，我一天起碼覺察與回應自己一千次以上。在上工作坊時，我因為要應對，內在就會產生波瀾，一方面要應對學員，一方面又要專注在自己的身上，很難一心二用。

因此我必須帶來停頓，當我停頓的時候，就是回來擁抱自我。停頓一秒鐘，再回過頭來應對眾人。在這一秒鐘當中，我做了兩個工作：一、覺察。二、照顧自我、回應自我。

剛開始做覺察這個功課時，你不會做得這麼快，如果你說可以這麼快，那可能是假的覺察。剛開始做覺察自我的功課時，可以先用四十秒、一分鐘來做覺察，接著再回應自己的狀態。這能夠幫助自己愈來愈了解——**我是誰？我在做什麼？**

而當自己有了覺察，接下來還能談到另一個層面——如何用覺察來照顧自己。以我為例，過去八到十年以來，我幾乎沒有肩頸痠痛，時差也困擾不了我。就算行程滿檔也是如此。比方說去美國做工作坊，我請美國的夥伴幫我這樣安排行程：

晚上八點到美國，隔天早上八點鐘在北加州做工作坊，接著是一連三天的工作坊。第三天下午四點半的工作坊一做完，立刻飛到南加州，隔天再做一連三天的工作坊。三天工作坊做完馬不停蹄飛回台灣，回到台灣的隔天又開始工作。難道時差問題不困擾我嗎？是覺察自我幫助了我，讓我的身體為我所運用，而不是被時差與疲勞給控制住。

談到這裡，我想再問珊珊，你此刻的內在的狀態如何？不是用「相對」來比較，而是準確的描述你現在的狀態。

珊珊：
我現在感覺到安定，有了安全感。

崇建：
那麼在你身上發生了什麼事？你覺得從哪一刻開始覺得自己有安全感？

珊珊：
前面崇建用《深度洞察力》這本書舉例，作者研究發現高達百分之九十五的人說自己有覺察，但其實並沒有。覺得很多人跟我一樣，以為自己覺察了，其實並沒有。另外剛才你一邊解說，我一邊也去覺察自己。

崇建：
那麼你覺察的感受是什麼？你此刻的感受是什麼？我在做工作坊時也會問每一個人的感

受，學員們也未必覺察得出來。但通常在我工作坊第一天的頭一個階段，當我去調度所有人的情緒時，就會看到許多人的情緒被調度出來，當場掉下眼淚。

這是由於潛藏在我們內在的情緒，它是一個能量，一直在我們內在流竄，但我們卻很少去照顧它。我調度情緒用的方法，就是覺察，方法是這樣的：

深呼吸一下。
此刻，感覺一下自己的狀態。
先不要回答我。
感覺自己的狀態裡面，
有沒有生氣的感覺？
有沒有一點害怕的感覺？
有沒有浮躁的感覺？
哪怕只是一點點。
有沒有一點焦慮？
有沒有一點不安？

會有失落的感覺嗎？
會有孤單的感覺嗎？
感覺得到一點點的受傷嗎？
感覺得到難過的感受嗎？

我通常會透過一個個選項，來幫助學員去選擇此刻的內在狀態。但這裡可能會遇到一個困難——這個困難是學員以為自己覺察了，可是實質上並沒有覺知到內在的狀態。

為什麼會如此？因為那是腦神經裡刻意去忽略的一個現實。比方一個很憤怒的人說：「我沒有生氣，我只是講話比較大聲。」這個人掩蓋了他的憤怒，他不覺知。

如果回到珊珊剛剛提到那段過往的當下，你的內在的狀態是什麼？有覺察到任何的感受嗎？

珊珊：
老實說，在談那段往事時，我還是有點生氣。

崇建：

是講到哪一個段落感覺到生氣呢？

珊珊：

看到那一箱箱的書，堆在我座位旁邊的時候。

崇建：

珊珊剛剛說「看到那一箱箱的書」，這叫做**好奇具體事件**。這就像一架攝影機般，幫助她慢慢地靠到這個事件裡面。她的情緒會因為這架攝影機的靠近，而感覺到情緒波動變大。

在這個好奇領域裡面，我們可以幫助珊珊去覺察，原來是那一箱箱的書，帶給她衝擊。看到那一箱箱的書之後，接下來發生什麼事呢？我們可以不斷進行好奇的對話，繼續提問下去。

聊到此，我再為各位快速整理一遍：

不只是在事件的當中做覺察，而是時時刻刻都可以做覺察。若老師們平時都能做足覺察的工夫，一方面能安頓自己的心，讓身體為自己所用，另一方面在面對孩子時，也更能從容看待孩子內在波濤洶湧的情緒，進而幫助孩子覺察，讓孩子感受到被愛，並且進一步帶領孩子改變行為。期待各位能盡情體驗覺察所帶來的美妙，以及覺察為你所帶來的改變。

第三日

以體驗性幫助孩子覺察

如果要更動孩子的生命圖像，不是只在頭腦裡面進行改造，而是要在孩子生命的本然裡面，去做體驗性的連結。也就是說，運用好奇的對話——也就是提問，就能夠進入體驗，因此體驗性是更改生命圖像非常重要的方式之一。

對談的第三日，崇建老師計劃延續前一日的談話，這個主題是：幫助孩子覺察自己。今天除了原本的班底，還有其他幾位老師加入。

崇建老師知道，關於這個主題的提問必會排山倒海而來。經過上一回與輝誠和其他老師暢談，崇建老師發現儘管在場皆是上過覺察相關課程、認為自己已經能做到自我覺察的老師，實際上對於覺察仍有許多疑問，只是打開了一個渠道，他心中暗暗希望，老師能多問他關於自我覺察，以及幫助孩子覺察的問題，討論愈多，浸潤就愈深刻。

崇建：
今天除了老班底明融、進成以及輝誠，珊珊老師今天也來了。

珊珊：
昨天崇建幫助我覺察，對於覺察我有更進一步的了解，也感到受用無窮。回去之後我再回顧覺察的過程，想到了一點：覺察是否也有SOP？對於剛開始練習覺察的人來說，有沒有一個SOP可供參考呢？這是今天我想再來請教崇建的問題。

崇建：

珊珊的問題，相信也是許多剛開始練習覺察的夥伴們的疑惑。那麼今天就從這裡開場吧，正好這也是今天會談到的內容之一。

假設我要幫助一個老師做覺察的功課，**我所設計的SOP第一步就是——對自己先提問：我願不願意用不同的眼光看自己？雖然我並沒有做得很棒，但是我一直很努力**。通常在做這覺察的第一步，若老師對自己說願意去改變時，十之八九會掉下眼淚來。

這一步就是真正的靠近自我，由自己的能量所產生出來的一個能量場，所帶出來的一個狀態。甚至老師也可以放到學生的狀態裡去做運用，幫助學生覺察自己是否願意改變與肯定自己。接下來SOP的第二步，可以用四十秒覺察自己，也就是我常說的**「六A」，這是一條通往自己的好奇路徑**。

第一個A是Aware（覺知情緒）——對自己說：我感覺到我有一點難過，接著停頓五秒鐘。

第二個A是Acknowledge（承認情緒）——我承認我是難過的。

第三個A是Allow（允許情緒）——我允許我感到難過。

第四個A是Accept（接受情緒）——我接納我感到難過，我願意跟這個難過的感覺更靠近一點。

到這裡，先說明為什麼要做六A，這是因為一般人在情緒的狀態裡面，很難很專注的靠近自己，在情緒中，我們的思考會放空、或者去想別的事情。把以上口訣當成咒語來唸，大部分人能夠藉此覺察到情緒。

第五個A是Action（轉化情緒）——如果覺知到的情緒是憤怒，就大吼一聲「啊～～」；如果是難過的狀態，就試著深呼吸。

第六個A是Appreciate（欣賞自己）——真正的欣賞自己，給自己一個正能量。

以上就是用四十秒覺察自己的「六A」。這是讓大腦的思考，不會因此而飄盪的方式，引導思考靠近情緒。我最開始設計的是5A，後來也帶領3A，還有這個6A的方式，都是為了讓自己覺察，而開發出來的自我應對。

如果常常做這個練習，根據我的觀察，專注的練習回應自己，一段時間之後，就能養成習慣，如果搭配好奇的練習，練習三天之後，你應該就能習慣好奇的路徑。這樣的自我覺察與回應，每天只要五分鐘，五次左右就好，通常十五天之後，就會變成一種配備在身上的習慣。

這是我做過兩百場工作坊下來的統計結果，我發現，如果能夠跟自己用六A做連結，通常一半以上的人，經過十五天的練習之後內在情緒的覺察會比較到位。說明到這裡，是否有確實回應到珊珊所說的覺察SOP呢？

珊珊：

有的，一邊聽崇建說明，我一邊就開始練習這六A了呢！

崇建：

珊珊做到即知即行，真是太棒了！那麼回到今天工作坊的主題——幫助孩子覺察自己。

一開始我先舉個例子，有位幼兒園的老師來問我：

在幼兒園每位老師要同時帶這麼多學生，沒有足夠的時間去面對孩子這麼多的好奇。再來，每個孩子的情緒都如此紛雜，我常常問孩子「你有什麼感覺」，但孩子常常是回答不出來自己的感覺的。

這位幼兒園老師目前也在現場，名叫小艾老師。小艾老師的問題裡頭有個很重要的議題——我們的教育中，並沒有對這麼幼小的孩子做很準確的情緒教育。如果老師們能夠在幼兒園就導入情緒教育，那是再好也不過了。

一般所謂的情緒教育，是跟孩子講情緒的故事，比方說經典繪本《生氣的亞瑟》、《野獸國》，或是在場的輝誠老師所寫的《學思達小學堂1：小刺蝟愛生氣》，都是非常適合在兒童教育領域中幫助孩子認識情緒的教材。在冰山的框架裡面，情緒就是感受的一部分，引導孩子認識情緒之後，更容易帶領孩子穿梭在冰山的感受層次中。

因此我常對學思達的老師們疾呼，從幼兒園開始到國小，老師都盡量要在冰山的感受層次裡面做——**冰山卡**。

除了情緒，冰山的感受層次裡面還包括身體的疼痛，比方說頭痛、喉嚨不舒服等等。這些情緒與疼痛，可以在冰山卡上畫上簡單的插圖，拿冰山卡讓孩子指認，幫助他知道自己身上發生什麼事了。

舉例來說，我們可以用一堂課來讓孩子進入體驗。在課堂上問孩子：「有一個小刺蝟生氣了，身上有好多尖尖的刺，你們看過嗎？」若孩子說：「我看過！」那麼孩子就進入了體驗。

接下來發幾個基本的冰山感受層次卡片，給孩子去挑出生氣的繪圖與生氣的狀態。比方說我在《薩提爾的守護之心》書中，寫到一位自閉症小男孩，他任何情緒都不知道，一有憤怒或其他情緒，他說不出來就去撞牆。

但這樣的小孩，他後來能夠告訴大人：我很生氣、我很難過、我很害怕，就是因為她的母親用冰山卡教導她辨識情緒，這孩子後來對情緒的連結非常的準確，當然母親也用了每日好奇，時時好奇的方式，去與孩子做連結。

運用冰山卡，連自閉症孩子都能夠做得到連結情緒，那麼一般的教育體系，又怎能說自己無法成功做好情緒教育？

輝誠：

或許就由學思達來設計一套真正屬於學思達的情緒教育，由從幼兒園設計到國小，我認為這並不難。如何去連結他人的情緒，以及看待自己的情緒，這是公民素養裡面一個很私密、卻也十分重要的部分。我們可以運用冰山卡，用一堂課教完情緒教育，四處去學校的公民活動中推廣。

崇建：

我相當期待學思達所設計的情緒教育，我甚至認為，除了情緒議題，我們甚至要把情緒教育變成一門課，我認為這是更好的狀態。當孩子能夠認識自己的情緒、認識自己的感受，在教養這個議題上也有非常重要的好處。

幫助孩子覺察自己除了運用「**冰山卡**」之外，另一個方式便是過去曾談論過的「**好奇的對話**」。如果孩子不知道自己的情緒，就直接問孩子：「你有生氣嗎？你有難過嗎？」

假設孩子還是說不知道，接著就用情緒問他：「你知道什麼是生氣嗎？」孩子或許會說：「我不知道，那你可以告訴我什麼是生氣嗎？」

用兩、三個好奇的選項去問孩子，進入孩子冰山的渴望層次裡，就能夠跟孩子做一個更好的連結。

小艾：

崇建，用兩、三句好奇的選項就能與孩子連結，我認為好難，我怕我沒辦法做到……

崇建：

用三句話進入孩子的渴望層次裡，是我們老師最好用的好奇的方式。

雖然它是一個操作的模式，但它帶著一個愛的初心在裡面，久而久之它可以跟愛的初衷連結在一起。聽到小艾跟我說好難，勾起了我的好奇心——怎麼小艾不是問我「如何設計這三句問話」，而是告訴我好難？因此我希望在場的學思達老師們，能設計與歸納出運用這三句話、五句話的方法。

另外我還聽到小艾說了一句更重要的話：我怕我沒辦法做到。

這句話產生了什麼議題呢？——她內在冰山系統的自我認知（identity），也就是冰山最底層，對自我的看法的這個部分。這個內心深處的自我認知，往往來自於她的原生家庭。透過對話帶出來小艾這個未經覺察的狀態，我這才發現，原來她卡在這裡啊！而**我不行、我做不到、我做不好……其實這就是目前教育現場中，最多老師所呈現的內在的聲音**。

那麼要如何才能引導自己，或他人去覺察內在，有這種自我認知？並且把這認知給更正過來，這是我給各位的功課之一。首先，談談「我做不到」這個自我認知是如何形塑而成。打個比方，小艾的小學老師只看重功課好的學生，而小艾的成績不如意，感到有些灰心，回家後跟父母訴苦，父母對小艾說：「那你就加油一點，不要墮落喔，要加油。」

小艾從這句話中得到什麼？得到的是：如果我做不好，我就**沒有價值**。

如果爸媽對小艾說的是：「就算你考試成績不好，但你畫畫很棒啊，你的運動神經很好啊，不管如何你都是我們心中最棒的寶貝。」讓小艾感覺到自己被接納，那麼日後在面對困難的任務時，小艾便能生出勇氣去冒險。

孩子的自我價值感從何而來，從陪伴者的接納開始。陪伴者如果能生出一種無私的、真誠的、願意接納的狀態，就能在孩子的冰山底層形塑出價值感。從另一個層面來看，若陪伴者感受到自己「做不到」，那便得要**先接納自己的不足，才能去陪伴另一個不足的人**，這就是薩提爾這一門學問最困難、最複雜的狀態。用我們的內在系統去引導另外一個內在系統，我們既然要讓對方有**體驗性**，那麼我們自己就要有體驗性，彼此交錯。

小艾：

「先接納自己的不足，才能去陪伴另一個不足的人。」這一點我懂了，但體驗性是什麼？該如何體驗呢？

崇建：

為什麼我們需要體驗性？

先從腦神經科學的說法來看：**認知不能改變一個人，只有體驗才能夠**。關於這點我常舉一個例子。對抽菸的人說「抽菸得肺癌的機率很大」，在認知上抽菸的人知道抽菸對健康不好，但他還是照樣抽菸。又或是不專心寫作業、一直分心去上網的孩子，父母對孩子的行為指責，但孩子依然故我。難道孩子不知道這行為不好嗎？在認知上面他的頭腦都知道，但此刻主宰他內在系統的是他的感官。

也就是說，孩子的腦神經呈現了一種體驗性，這體驗就是爸媽如果去責怪孩子，孩子的反射神經、內在系統裡面就會出現一種聲音，並且**做出應對**：我就是要違背你。這內在聲音是什麼？就是他的自我認知。各位一定要明白，抽菸的人之所以戒不了菸，孩子之所以分心去上網，**並不是故意的**。

為什麼我們對人要有接納？因為所有生命的內在裡面有著善良的本心，不會故意去做出抗拒他人、不跟他人連結的行為。**唯有讓人體驗到接納，才能讓人慢慢打開自己，慢慢成長開來**。

再從「量子」來看自我認知。前面我曾與輝誠等老師說過：薩提爾模式是一種量子模式。自我認知中「我做不到、我很糟糕、我做不好」這種看自己的狀態，所形成的能量場，會讓你不會去注意到自己做得好的部分，永遠去看自己做不足的部分。這種能量場的發展，阻礙著一個人往上成長的歷程。

輝誠：
關於體驗性與自我認知之間的關係，崇建能不能再多舉一些例子呢？我相信大部分老師對於體驗性是一知半解的。

崇建：
好的。剛才我說，認知不能改變行為，因為腦神經是被體驗禁錮了，比方說，當一個行為不良的學生，看到總是指責他的老師在他前面，學生的抗拒就反射性的出來。

如果這位學生體驗到了愛，他的腦神經就不會驅動這個狀態出現。因此我們不要只是看他「上網、蹺課、上課睡覺、裝出無所謂的表情……」這些狀態，這些狀態是他的應對，這些應對是內在系統的衍生，我們應該去連結這位學生的內在系統。

而連結他的內在系統的媒介，就是過去我們曾討論過的：好奇。好奇的對話。第二個連結他內在系統的方法就是體驗性，體驗性能夠幫助這位學生慢慢的浸潤跟改變。**體驗性是什麼呢？體驗性就是他的經驗。**

每一個人與生俱來都有被愛過，但不一定有體驗過。我帶過好多個從小就是孤兒的父母，他們遇到愛是會害怕的、不相信愛的，但是他現在又要給愛出去，我得要去幫助這些父母，去體驗愛。在薩提爾模式的冰山下層，我們假設每一個人都有價值、每一個人都被愛過、每一個人都擁有自由，在這些生命能量中，才能夠長成一個人。這是假設，但也是事實。

進一步舉例，假設現場的進成老師是個孤兒。可以嗎？進成。

進成：
當然可以。

崇建：

謝謝進成的理解，假設進成對我說：「我從來沒有被愛過。」

但各位要知道，人在兩歲以前是不能單獨活的，因此我把進成帶回到他兩歲之前。我們看到有一個人在餵他吃東西，有一個人抱著進成餵奶。看到這些畫面，進成會有什麼感覺？

這個時候愛的能量就會進來，進成會感受到——原來我是被愛著長大。人沒有被愛過，是長不大的。孩子出生後，沒有能力行動，需要被人抱在懷裡哺乳的。**所以體驗性是什麼？就是經驗，身歷其境**。

沒有經驗到幸福的人，看到幸福來了，既渴望幸福又逃避幸福，這是人的歷程。要解開這個僵局，要讓兩個東西進來，一是接納他的狀態，二是打開他的體驗性，在身體、情緒、思考、能量、心靈上面，都使其身歷其境。

但要記得一件事，談到過去的事做回溯的時候，談到過去的體驗之後一定要回到此刻當下，而不是沉浸在過去的傷痛體驗裡面。所以做為一個晤談者，最重要的是幫助一個孩子進入到他的體驗裡，幫助孩子意識到過去跟今天他有什麼不同、他得到什麼影響，他才能夠站起來，真正體驗到他生命當中的能量。而這就是觸及到冰山系統中的**渴望層次**，這在後面我們會談。

要提醒各位的是，你身為晤談者，必須要與體驗性的對話者處於一**致**狀態。如果與你對話的人無法體驗，你便動怒說：「你為什麼不能體驗？」對話者反而要來應對你的怒氣，你就更難以進入他的體驗層次了。還有另一點要提醒各位，晤談者要避免被與自己對話的人操控，形成受害者跟拯救者的關係。

進成：
被操控也是身為老師的我們經常會面對的困境，其實不只老師，人際關係中也常見這種情況，那麼我們該如何拿捏分寸，以避免被操控？

崇建：
好的，我再舉個例子。

如果去問孩子：「你有被愛的經驗嗎？」好多孩子會說：「沒有。」我想假設現場的明融老師是我的學生可以嗎？

我問明融：「明融，你有被愛過嗎？」

明融：

我當然很樂意扮演學生。我的回答是：「沒有，我從來都沒有被愛過，老師我該怎麼辦？」

崇建：

這時候我會告訴明融：「明融，當你犯了錯了，阿建老師會在這裡陪你。」從我這些話中，你有感覺到我的接納嗎？

明融：

我感覺到了。

崇建：

如果我說：「你知道老師是愛你的嗎？」明融會有好多的困惑跟恐懼，由於困惑與恐懼，明融可能會對我說：「我會害怕。」這會成為我們之間的議題，我們會體驗到不斷的測試。這個議題裡面，明融體驗到愛了，可是在過去的狀態當中，明融認為自己不值得被愛，所以這個孩子就會用各種方式跟手段來測試這個愛。

因此她對老師來說就是個挑戰，做為老師，要怎麼樣拒絕明融的期待，還要能夠讓她感受到愛。明融她會產生不合理的期待，而**老師如果不斷滿足她的不合理期待，老師就會變成被她依賴的對象**。老師變成不是給她愛，也不是給她支持，而是形同被明融操控，這就形成一個受害者與拯救者的關係。

輝誠：

崇建這番話這對於老師而言是很棒的提醒，老師不可以不斷滿足學生的不合理期待，這裡我想到過去我們曾談到的——師生之間也有界線。那麼，回到今天一開始談到如何幫孩子覺察情緒，崇建提到可以運用冰山卡來協助孩子認識情緒。我想到的是，我們該用何種態度來面對孩子的情緒？

崇建：

在體驗性裡面有個很重要的東西，叫做——**進入情緒的本身，而不是進入情緒的事件**。一般人常常以為自己面對的是情緒，但其實腦子裡不斷思考的是對產生情緒的事件做反應。比方說，糾結在讓自己生氣的那件事上，卻沒有去面對生氣這個情緒。

因此，很多老師忙著處理情緒的事件，卻忽略了情緒的應對才是主要目的。我們允許孩子有情緒，但是要幫助孩子對於情緒的表達做歸納。孩子可以生氣，但不能任由他亂來，不能大吼大叫、不能罵人、不能摔東西。比方說，進成是我弟弟，他生氣了。若我對進成說：「你不要這麼生氣，你看那個ＸＸ還不是依然故我……」這叫做「進入情緒的事件」。

若我對進成說：「進成你在生氣啊，你怎麼啦？我知道你很生氣，我在這裡陪你。」這就叫做「進入情緒的本身」。當我說：「進成你在生氣啊，你怎麼啦？」這「怎麼啦」就是好奇，它能打開進成右腦裡面的敘述經驗。就是一九〇七年佛洛伊德所說的：**敘述帶來療癒**。

簡單一句「你怎麼啦？」就能幫助塞住的右腦帶出能量來。另一個「進入情緒的本身」的方法，就是給情緒名字，如同前面說到的情緒教育的一環——運用冰山卡辨識情緒。

我再重新幫各位歸納一下：只要回到當下情緒的感受，並且停留在那個感受裡面，頭腦就不會運轉。要懂得回到當下的情緒體驗，才能夠讓對話做得更深層，它叫做——**在情緒裡面帶出來的對話，我們稱之為「述情」**。這並不容易做到，但我鼓勵在座的老師，都能培養述情這個能力。

進成：

前面崇建說到鼓勵老師覺察，說到運用體驗性幫助孩子敞開，說到我們該進入的是情緒本身而非事件，說到鼓勵老師培養述情能力，以上是否能請崇建再舉具體的例子來說明？

崇建：

那麼就請進成再次扮演我的弟弟。請你到我這裡來，伸出你的雙手，而我則握住你的手。此刻我應該去感覺進成這雙手有多溫暖，而不是想著進成剛剛有沒有洗手，這表示我不在當下的感官裡面，我不在當下。

再比方說，我好久沒有看到我的愛人，當我看到她時我抱住她，但我心中卻想著別件事，那麼她可能會感覺到我並沒有真正面對她，我根本沒有在這個當下跟她做連結。

在體驗性裡有一點非常重要，就是認知上面，我在你身邊。

人有個狀態，是經常往頭腦裡面去，去神遊太虛，這就是打岔，跟自己的本體打岔，不斷在自己的腦袋裡面思辨。雖然文明是因為人類受自責之苦才有所成長，但別忘了這是外在現實的成長，內在只是受到折磨。因此我們應該是要回到當下，才能夠做出更清晰的思辨。如果任由你的腦袋不斷的轉，就表示你沒有專心愛他人，也沒有專心愛自己。

我再舉一個例子。當一個孩子犯了錯，我運用好奇的框架，來與孩子連結。但通常我們只會在觀點上跟孩子做好奇，好奇了之後，孩子知道自己犯錯了，但並沒有體驗自己犯錯。這便是指：孩子的頭腦彷彿是願意去靠近你的，但他的整個生命都覺得不爽你啊！

老師如何能夠把體驗性帶進來，讓孩子真正感覺到他這樣的舉動是不恰當的？不只是頭腦的思考，還要有所體驗，改變才會帶進來。這就是為什麼，我不時提醒老師要進入到孩子的渴望，若沒有**進入到孩子的渴望**，就無法修正孩子、修復他內在的方程式。就算他認錯了，也不能夠真心的去改變。

如果要更動孩子生命的圖像，不是只有在頭腦裡面進行改造，而是要在孩子的生命的本然裡面，去做體驗性的連結。也就是說，運用好奇的對話，也就是提問，就能夠去進入體驗，**因此體驗性是更改生命圖像非常重要的方式之一**。

而體驗性的關鍵在於：一、回溯，二、具體的事件。接著在具體事件裡面進入他的感受跟渴望。

明融：

崇建，到目前為止所提到孩子犯錯的例子，大多是一對一。可是身為導師，可能面對到的是一個班級集體性的犯錯。導師在一對多的狀態之下，往往更容易偏向說教模式，在這個議題上，老師該如何去引導學生呢？

崇建：

關於這個議題，我想把「一對一」到「一對多」做貫穿的整合。首先，把行動與人分開來看。我們可以接納一個人，但不認同一個人的行為，**接納做為一個人會有犯錯的事實**。而當一個孩子犯錯了，我們好奇這個人，但還是要給這個人的行動一個規則，告訴他：你做錯了，但我願意照顧你這個人。

比方老師這麼說：「老師這樣說你，你會難過嗎？」接著說：「雖然你難過，我還是會處罰你的。」以上是一對一的狀態。

一對多的狀態相較一對一比較難。如果全班孩子都出了狀況，通常老師的應對是沮喪、是生氣。這時候老師可以坦白的去告訴這些孩子：我就是生氣，我就是沮喪。但別忘了，這一句話不是讓孩子為你負責這個情緒，而是讓孩子們知道：我可以處理、也處理過自己的生氣。這就是老師在做覺察——跟自己做了一些連結，處理了之後才能夠去跟孩子說，其實你們這樣做我是非常生氣的。在實際的行動上面老師可以跟孩子們討論：「我可以聽你們發生了什麼事，為什麼你們這樣做？」

以及：「老師要處罰你們，你們有任何意見嗎？你們覺得老師這樣做如何？」等等。以這樣的方式去跟孩子們應對。

我再為各位歸納整理：接納一個人以及處理孩子的行動，兩件事是分開的。**你去看見一個人，他有做好也有做不好的地方，當你用一個比較高的觀點來看，你就有了覺察。因此你的內在便不容易受到牽動，會更為和緩。**

接下來，在歸納孩子們的應對時，也可以表達自己，可是你要先懂得覺察自己、回應自己、處理自己，之後再把課題帶出來，跟全班同學談話。

輝誠：

談到目前，我覺得現在剛好是個很好的時間點，來請各位老師做點練習。假設我是個學生，我在上課時講話、在課堂上睡覺、或在上課時滑手機，各位在場的老師會如何應對呢？

崇建：

輝誠這提議很好，時間晚了，我想我們先稍作休息，明天再來做這個演練，請老師們在心中回想先前所談的覺察、體驗性、述情等等內容，經過歸納整理之後，在停頓過後的討論會更有火花，我自己也非常需要這停頓。

明天見了各位，相信到那時的我們，都會與現在的我們有所不同。

第四日

課堂上的覺察與對話練習

記住，孩子不一定會有完整的答案。
我的應對裡面，是為了啟動孩子內在良善的覺知之心。
我是用一個豐富的整體去看孩子，並不是因此就漠視了他在課堂中的行為。

第四日，大家陸續再回到教室裡，繼續前一天的話題，今天將演練課堂中的一些狀況。

崇建：

延續昨日輝誠的提議，我們來演練在教育現場中經常出現的狀況——不聽話、滑手機，讓老師困擾不已的孩子。就請提議者輝誠扮演讓老師傷腦筋的孩子，現場有沒有老師願意先做示範？

小慶：

（舉手）我先來。

崇建：

請問你的名字是？

小慶：

小慶老師。

崇建：謝謝小慶老師，那麼就由你開始吧。假設現在你正在對全班上課，發現台下學生上課不專注，還有學生在滑手機，你會如何處理這種情況？

小慶：我會說：「欸，這位同學，對，就是你，你的手指頭在做什麼？」

輝誠：聽到老師這麼說話，我完全不想理會。因為老師沒叫我的名字，我根本不知道老師是說誰在動手指，上課滑手機的又不是只有我！

崇建：輝誠演得很好喔，在《薩提爾的對話練習》裡，我也提到在對話時需要呼喚名字，對話才能開啟。在維琴妮亞．薩提爾（Virginia Satir）的《當我遇見一個人》書中也提到，家庭裡面之所以堵塞不能流動，與在家庭成員之間沒有呼喚名字有關。

呼喚名字能帶來幾個重要的要素：一是家庭成員各自有獨立感。二是呼喚名字能帶來專注，有專注才有連結。若不呼喚名字就沒有好奇，沒有好奇就是家庭不能夠流動的最主要原因。

小慶：

好，我了解了。那麼我說：「輝誠，請問你現在在做什麼呢？」

輝誠：

「沒有在做什麼啊。」

小慶：

「喔，我好像看到你的手機鏡面是亮的。」

輝誠：

「它自己亮起來的。」

小慶：

「所以你的手機很敏感耶。」

輝誠：

「欸……對呀。」

小慶：

「那你覺得這麼敏感的鏡面，會不會耽誤你的學習呢？」

輝誠：

「不會啊。」

崇建：

到這裡我想先暫停一下。輝誠，剛才小慶老師這樣的應對，你的內在現在有什麼感覺？狀態如何？

輝誠：我現在感覺有點不爽，開始防衛自己了。

崇建：會不會還有點驚嚇，有點慌？

輝誠：都有。

崇建：現在我們來看小慶老師的姿態。小慶出現什麼姿態？——第一是討好，第二是打岔。當我們用好奇連結孩子時，並不是只有純然的好奇，還有**對一個人的關注**。我想先問小慶：當孩子在課堂上面玩手機，你內在的冰山是什麼感受？

小慶：嗯……學生不太在乎我的上課。

崇建：

那是你的看法，你的觀點，我的問題是：你有什麼感受？

小慶：

我感受到，我有些受傷……

崇建：

除了受傷之外，還有別的感受嗎？

小慶：

嗯，還有沮喪跟些許難過吧……

崇建：

小慶老師很坦白喔，覺察力也很強。一般而言，是情緒在主宰行動，而不是由自己在主宰情緒，也就是說「應對是被情緒控制著」。覺察能帶來的重要效果是——我能夠主宰我的情緒，再來做出應對。

因此如果小慶老師不知道內在發生了什麼狀態，被自己的受傷、害怕、沮喪給驅動了，小慶的應對裡面就出現了討好跟打岔。哪個部分是「打岔」？明明小慶已經看到輝誠在玩手機了，卻說：「我好像看到有反光喔。」這是打岔。

至於討好，從小慶的聲調裡面，能聽得出來有討好的成分。雖然我們希望人與人之間沒有階級，別忘了知識的傳遞與接收，雙方就是有一個不對等的狀態。

老師是一個傳授者，學生是一個接收者，老師的責任是維持班級的秩序，歸納出守則。因此老師同時具備著傳授者與整合班級秩序的特殊身分。所以做為老師最困難之處在於，我雖然是想跟你做朋友，但還是一個要維護公共秩序的警察。因此小慶在剛剛的狀態中，並沒有合理的表現出老師這個角色。

接下來，我想請進成也來示範，可以嗎？也謝謝小慶老師的勇於示範。

進成：

當然沒問題。

崇建：

那麼假設現在是上公民課，是否能三秒鐘進入狀態。

進成：

好。我的做法是，直接走過去對輝誠說：「輝誠，手機收起來。」接著走回講台繼續上課。

輝誠：

過沒多久，我又把手機拿出來了。因為進成老師只有說收起來，並沒有說等一下不能用啊（笑）。

進成：

好，我會再跟輝誠說：「輝誠，手機收起來。待會如果再被我看到你拿出手機，老師會請你到後面罰站。」

輝誠：但是我暫時收起手機，接著又拿出來了。這是有可能的對嗎？因為學生想挑戰老師。

進成：那麼我會說：「輝誠啊，手機收起來之後去後面罰站。」

輝誠：「不要！」

進成：我再說：「好啊，如果不要的話，希望你能好好的上課。」

輝誠：「好吧。」

崇建：

兩位表演得太棒了！

進成：

我的做法並不是就到此為止。等上課結束後，我會跟輝誠說：「輝誠請你到後面來，老師有話跟你說。」我會私底下跟輝誠聊聊，問他：「嗯，老師有點好奇，我今天提醒你很多次把手機收起來，但你還是一直要用手機，是有什麼原因嗎？」

輝誠：

「我不想說。」

進成：

那麼我會說：「老師還滿關心也滿在意的，當你想說的時候再讓我知道，那就先請你回去，謝謝你願意跟老師到後面談話。」

輝誠：
我覺得，進成最後講的這段話，讓我的內心產生了不一樣的感覺。

崇建：
我認為老師如果能做到進成這個狀態，已經是非常好了。但如果是我來處理，**我會先跟自己連結好以後，再把課堂規範明確的對學生說明**。而剛剛進成課堂裡面的情境，規範是不清晰的，他並沒有跟輝誠說不能玩手機，而是只叫輝誠收起來。

老師要管理一班三十幾個孩子，最應該做的不是一開始就好奇，而是要**以和諧穩定的姿態陳述情境**，**把規則帶出來**。進成剛才在示範中第一步先叫輝誠的名字，第二步是要輝誠收起手機，雖然「收起來」也是規則，如果能夠把規則講得更明確就更好了。

輝誠：
到這裡我產生一個想法，孩子在課堂上有這麼多狀況，崇建提到說你的做法是會先帶入一個明確的規則。但是有沒有可能，我們先去幫助一直要滑手機或刻意要挑戰老師的孩子來做覺察？幫助孩子覺察自己為什麼會有這些狀態。

崇建：

當一個孩子一直滑手機時，輝誠的規則是幫孩子覺察。但課堂上如果沒有帶入規範的情境，要如何覺察？如果創造出沒有規範可循的情境，孩子就可以理直氣壯一直滑手機了。

因此**情境要先帶進來，才能夠幫助一個孩子覺察**。所謂情境就是孩子在這個課堂的情境當中，所必須負的責任與守則，可是我們大部分的老師和父母，在講情境、講規則的時候，運用的是「比較」、「憤怒的能量」與「指責」。當然可以懷抱著愛與接納，去幫助孩子覺察，但不是一開始就這麼做。當孩子正處於分心狀態時，他的內在無法應對，難以覺察。

一個分心的孩子，他的內在有各種不斷衝突的能量，浮躁、不安、焦慮、沮喪、生氣……這就是為什麼在導入冰山的對話系統裡面，會直指孩子感受的狀態，這就是幫助他在當下做覺察，讓他能夠與當下的內在情緒連結在一起，會使孩子的內在穩定許多。

此外我想提出一個問題給各位帶回家思考：覺察它到底會帶來什麼？那麼現在回過頭

來，明融，你也想試著做示範嗎？剛剛進成的示範已經很不錯了，但我相信每位老師的方法各有千秋。框架是一個可遵循的方向，但框架內不一定只有一個標準答案，每個人能以自己的特質各自發揮。

明融：
好呀，那就請輝誠再扮演上課滑手機的學生吧。一開始我會說：「輝誠，你在滑手機啊。」

輝誠：
「對。」

明融：
「現在是上課時間，你在查資料嗎？」

輝誠：
「不是，我在玩遊戲……」

明融：

「老師要請你把手機收下去。」

輝誠：

「好。」

明融：

「老師請你這樣做，你會覺得不舒服嗎？」

輝誠：

「有一點。」

明融：

「為什麼會不舒服呢？」

輝誠：

「因為我快破關了。」

明融：

「很抱歉，我不知道你快破關。」

崇建：

啊，明融在說什麼？（略為停頓）先別管我，明融繼續說。

明融：

「很抱歉，我不知道你快破關。但是不管有沒有破關，這堂課是小組討論時間，你就是不可以玩手機，明白嗎？」

輝誠：

「我知道了。」

明融：

「那你等一下可以繼續回來討論嗎？還是需要一點時間？」

輝誠：

「老師可不可以給我一點時間，讓我破關好嗎？」

明融：

「你不可以繼續破關，但是我可以讓你稍微沉靜一下，再回來繼續小組討論。你需要多久時間？」

輝誠：

「給我一分鐘好嗎？」

明融：

「可以，謝謝你。那一分鐘之後就請你回來加入小組討論，好嗎？」

輝誠：

「好。」

明融：

「謝謝你。」

崇建：

我覺得滿好的，明融也做得不錯喔。讓我們分別檢視進成跟明融的做法。進成有給學生一個指令：手機收起來。但這個指令我剛才說明過，對我來說表達得不夠清楚明確。

而明融剛剛與輝誠那段對話，各位是否發現到我說：「明融在說什麼？」並且停頓了一下。這是因為明融說了：「很抱歉，我不知道你快破關。」明融為什麼要道歉？做錯事的是玩手機的學生才對，他才該道歉吧，怎麼老師要說抱歉呢！這個抱歉就有一點討好的意味在。

另外請問輝誠，在剛剛你與明融的對話裡，你覺得明融做得好的地方是什麼。

輝誠：
我覺得是明融的姿態很堅定，但又不是很強烈的指責。

崇建：
那麼跟進成的對話相較下有什麼差別？我發現你跟進成示範時，一而再再而三把手機拿出來。

輝誠：
因為進成只叫我把手機收起來而已。另外我覺得剛剛的明融會一直問我的狀態。比方說，她會說：「我請你這樣做，你會不舒服嗎？」明融會核對我的狀態。而我以前看過崇建做示範，崇建也會這麼做。崇建是否也為老師們做示範呢？

崇建：
不急不急，我想在現場再找一位老師來示範。就這位老師好嗎，你的名字是？

阿寶：

我是阿寶老師，我願意示範看看。

崇建：

好的，阿寶老師。現在假設輝誠他不聽老師的話，就是不把手機收起來，繼續玩手機。這課題比進成和明融的都難，請阿寶老師試著挑戰好嗎？

阿寶：

好的。一開始我會說：「輝誠，我看你在玩手機，已經玩了大約三分鐘了，你可以告訴我你在做什麼嗎？你現在還需要繼續使用你的手機嗎？」

輝誠：

「對，我還要再繼續用。」

阿寶：

接著我會說：「如果讓你繼續玩，你會比較舒服嗎？好，我想先跟你說明一下，在我的課堂，我希望你不要玩手機。但你如果有需要，我先讓你繼續玩。」

崇建：

聽到阿寶老師這麼說，我會說：「老師我也要玩手機。」上阿寶老師的課，我一定會玩手機的。阿寶老師太溫柔了，剛剛那番話裡看不到規則，學生會認為阿寶老師是顆軟柿子。

我認為，**老師在教育現場有絕對的能量跟能力，規則是底線，只是在使用規則時可以不必兇悍，用溫柔而堅定的姿態，來使用規則**。那麼輝誠，你剛才聽阿寶老師對你說的話，你有什麼感覺。

輝誠：

我的感覺就是：我可以不甩這位老師。

阿寶：

因為輝誠不是我熟悉的學生，如果是我熟悉的學生，會知道我的課堂有一定的規範，手機是不能拿出來的。

崇建：

但輝誠已經把手機拿在手上了不是嗎？這不就是要告訴他規範的時機？

阿寶：

是的，通常若是我熟悉學生，我會過去靠近他。若是不熟悉的學生，我不會靠近他，而是核對這個孩子到底在做什麼。通常核對行為之後，孩子過沒多久就會收起手機。

通常我對新來的同學，會很明確告訴他我的課堂有一定的流程，課堂上我沒有太多時間跟孩子琢磨，而是會跟孩子說：「等等下課的時候你要稍微留一下，老師有話跟你說。」如果孩子下課就跑掉的話，我還會有下一步的處理。

崇建：

當然阿寶老師可以這樣處理，但我理想的狀態不是這樣。我理想的狀態就是先前整理出的脈絡——要先帶出規則。如果我們已經讓孩子明白規則，接下來就是——在情境裡面如何執行規則。

進成是這樣執行：「手機收起來。」但進成表達的語言稍少，沒有明白表達自己的底線。至於明融則是在與輝誠對話時先做了好奇：「你在查資料嗎？」而若是我，我的規則是：輝誠在玩手機，他不能在課堂上玩。我會走到他前面，對他說：「輝誠，站起來。」

通常十個孩子有九個會乖乖站起來，這是由於我的內在帶著穩定的能量，孩子會知道我正在執行規則。第二句話我會問輝誠：「輝誠，你上課怎麼玩手機啊，上課不能玩手機，你知道嗎？」

輝誠玩手機的行為叫做**客觀的事實**，老師不需要去臆測他為什麼玩手機，去臆測就等於跪在學生面前了。

輝誠：

當我看崇建的示範時，我注意到先前老師們有的示範，最後老師會屈居下方。但崇建沒有讓學生爬到他頭頂上，而是維持一個對等的位置。

崇建：

到這裡我鼓勵一下現場的老師，就像先前有老師說，老師的內在會有害怕、會有生氣，這就是老師內在冰山系統的狀態。我們現在做的，就是支持並幫助老師在內在系統裡面，能夠安穩的去展現能力。

目前學思達已經做到上課非常精采，孩子比較不會遊走在外圍，但別忘了，再精采的課堂，孩子都有可能走神、有可能疏離。應對走神、疏離的孩子簡單的步驟就是：

一、**先執行規則**。

二、**陳述客觀的事實**。

如何陳述客觀的事實？比方說：「輝誠，發生了什麼事，你怎麼上課玩手機？上課不能玩手機，你知道嗎？」

輝誠：

我會這麼回答：「我知道不能玩，但我忍不住……」

崇建：

好，輝誠說「我忍不住」，從此處我捕捉到了一個非常重要的重點。我說：「輝誠啊，你忍不住，你這麼誠實喔？老師叫你站起來你就照做，這麼尊重老師，然後我一問，你就說你忍不住，這樣告訴老師你都不怕被罵嗎？」

輝誠：

「我會怕啊。」

崇建：

「那你怎麼還敢承認？」

輝誠：

「我忍不住。」

崇建：

「我的意思是：你忍不住了，你也願意跟老師承認？」

輝誠：

「對……」

崇建：

好，我不回輝誠的話，我停留在這裡一段時間。為什麼停留？因為我在以正向價值問輝誠的時候，他模模糊糊的回答我，他並沒有覺知。

這裡我在幫助一個孩子，**我覺知他的正向價值**，因此他會很快速的說「對」，但回答我的卻是非常模糊的、很快速的。不要放過他，他要在這裡停留下來、停頓下來，這是做為一個老師，要很快速去捕捉到的要點。

記住，孩子不一定會有完整的答案，我的應對中，是為了啟動他內在良善的覺知之心。我是用一個豐富的整體去看他，並不是因此就漠視了他在課堂中的行為。我以叫他站起來的方式去指出他的不當行為，接著在兩個點上去回應他：

一、你願意這麼誠實。

二、老師叫你，你就站起來，你為什麼願意，不怕被罵嗎。

這兩個就是正向的點。但小心，如果你的語態是充滿討好的，這個表達的力量就會非常的弱，孩子聽得出來你是在討好他。接續先前的兩個步驟，那麼在陳述完客觀的事實之後，就是：

三、**走入孩子的內在**。

用幾個正向的提點問孩子。假設孩子回答不出來，停在這裡沒有回答。我會說：「輝誠啊，老師先謝謝你。因為我不知道你以前有沒有這個經驗，有沒有在課堂上面被誤解過。我聽起來你不是故意的，對嗎？」

輝誠：

「嗯。」

崇建：

「你只是不小心忍不住了。」

輝誠：

「是。」

崇建：

「但老師可能會沒收你的手機，等下課才還給你，怎麼辦？」

輝誠：

「沒關係。」

崇建：「輝誠，你不是忍不住嗎，那你還願意把手機交給老師？」

輝誠：「是。」

崇建：接過輝誠的手機之後，我會跟全班同學說一段話：「各位同學，我還不知道輝誠在課堂上玩手機的真正原因，他剛剛說他不由自主，我很感謝他很誠實，他讓我做為一個老師，感覺到被尊重，這一點我覺得很不容易。」

這叫創造文化的系統，是一般的老師做不到，學思達比較做得到的系統。所謂文化的系統，是創造班級文化裡面的規則跟氛圍，這十分重要。輝誠，當我對全班說這段話的時候，你的內在有什麼感受？

輝誠：
我感到很舒服。

崇建：
這是因為：輝誠被看見了。但你們會發現，我並沒有核可他的行動。接著我會繼續說：「我不知道你們是不是覺得上課無聊，不知道輝誠是不是覺得無聊了。如果你們覺得無聊，阿建老師鼓勵你們跟我說，告訴我，我會改變一下，也許我不一定能夠做得很好，但我願意試試，好嗎。」

事後，我會還輝誠手機，再跟他做一個連結。我會先以覺察安頓自己，平靜的問他上課玩手機的原因。

輝誠：
崇建，你剛剛說到孩子十之八九會聽話站起來，但那十分之一不站起來、不交出手機、繼續玩手機的孩子，要如何應對呢？

崇建：

這就是許多老師感到最棘手的地方。現在，我再回到覺察。在幫助孩子做覺察時，大人的內在冰山系統要同時做覺察。當一個孩子反抗你，那麼代表你的內在系統裡面會出現被質疑、被挑戰，你會很容易當場生起莫名的無名火，或者委屈、害怕。

接著你會做出不良的應對。面對這種情境，以下是我試著帶出的框架，這是一種方向。各位不一定要用同樣的語言、同樣的操作手法，可以在同一個框架去運用。如同先前說到：情境、客觀的事實、走入孩子內在、帶出正向，這也是一種框架。

好，輝誠剛剛提出的問題，孩子不站起來、繼續玩手機。很多的老師站在這裡好痛苦，自己的冰山在此處經歷了波濤，在全班同學面前好沒有面子，要怎麼再應對下去？通常最不好的應對，是執意要去執行這個規則，那麼孩子便可能會做出各種不良的應對。

這時候我會這麼應對，對全班同學說：「各位同學，阿建老師不知道自己上課，是不是上得不太妥當。輝誠上課玩手機，我要他站起來，但我剛剛看他，並沒有站起來，我覺得他這樣子不妥當，因為班級的秩序有一個規則。但我現在不會去處理他，我要告訴各位，上課不能玩手機，如果你有需求，有困難，可以跟我談一下。我現在包容輝誠，並不代表他是對的。也許過去有老師不了解他，對他說過或做過什麼，他可能會感到受傷，老師可以了解這樣的情況。」

我的想法裡面，輝誠曾經驗傷害，那是成長中，這個環境的成人對他做的，不是刻意要傷害他，而是應對中讓他感覺傷害，比如說教或者指責，使得他有現在的狀態。在一個老師的心裡，應對這樣的孩子，也會有一些情緒會生出來，但我經過這麼多年，內在的狀況還好。如果我希望他不要玩手機，但是他如果還是要玩，我會說：「阿建老師有空再跟你談一下。老師會待在這裡繼續上課。」

我停在這裡，輝誠此刻內在有什麼感覺？

輝誠：

我覺得剛剛有一個很大的危機，但那個危機到後面突然解除掉。老師在對全班講話時，一般會陷入一個狀態——透過全班的力量來壓迫那玩手機的孩子，但這很容易會讓他失控。

這是因為，孩子會認為全班和老師都與他為敵。但崇建後面說到「也許過去曾經有老師對你做過什麼，才有現在的狀態」，危機就化解了。

崇建：

好。剛剛那段問話走在**歷程裡，讓輝誠重新去經驗，這個狀態的形成，讓輝誠擁有新覺察**。各位請記得，我們在對話的領域裡不斷地提到：好奇。

一個孩子的狀態，不是只有此刻，他一定有一個歷程。我鼓勵所有的老師，在歷程性的回溯當中，做出各種不同的變形。要去想一個議題，孩子為什麼會抗拒老師，他可能因為老師而感到受傷過、被誤解過。因此我剛剛做歷程性的提問，是為了緩解孩子內在曾經受的傷，表示我去理解跟接納他。

但是請注意，這個狀況當中，我並沒有去核可這個孩子，說他是可以玩的。此外，我也說出了我的期待：我希望你不要玩手機，如果還是要玩，阿建老師有空再跟你談一下。因為你不要以為，這個孩子從此就不玩手機了，也許下一次還是會玩，我可能會私底下跟孩子說：「老師可以跟你談嗎？」

孩子如果不要談，一句話都不說，我會拉一個椅子坐下來，對他說：「如果不談，老師跟你說幾句話就好。老師不知道你發生過什麼事，我真不知道。但學校曾經通報這個狀況，教室裡不能玩手機，如果違規，學校說會請教官、或者請學務處來處理，我不希望這樣。但是老師不知道你到底怎麼了。」

輝誠：
崇建對孩子說的這番話，我內在出現一種感覺：老師在乎我，老師是關心我的。這些話語裡帶著很深的包容、接納與關懷。

崇建：
我是在表現出，老師對一個孩子全然的好奇，好奇孩子怎麼了？想要理解一個人，也同時讓孩子在狀態中，擁有了不同的覺察，而不會讓慣性的應對，一直重複著不當的迴路。所以我不斷重複著，當好奇孩子的時候，能幫助連結彼此。

至於覺察的狀態，就是回到此時此刻，到底發生了什麼狀態？而不是運用慣性回應。就剛剛那個議題，也要讓孩子覺察，這個行為要付出責任，這裡最困難的，是既要讓孩子有覺察，又要讓孩子負責任。

而在我的表達裡面，我要連結他的渴望，這便是一致性的表達。日後談到「一致性」時，也想跟今天一樣，請各位老師示範。但在談一致性之前，我想與各位一同對覺察再做更深入討論。

在練習覺察時，有可能會落入慣性的陷阱之中，要如何覺知並避免？而覺察也有其美妙之處，它能為你帶來洞察力與創意力，並且能讓你用不同角度看待人生。

珊珊：

非常期待與崇建老師再次踏上覺察的旅程。對覺察了解得愈多，我愈是渴望認識它更多。

崇建：

今天從幫助孩子覺察，談到課堂上的對話示範，需要些時間消化吸收。我提出的框架只是提供一個方向，在框架內各位可以各自發揮，甚至融會貫通之後，再衍生出自己的一套方法。

真正的武林高手，不會按照師父所教的招式出拳，而是青出於藍勝於藍。在座各位在我眼中都已是武林高手了。

第五日

覺察能帶來洞察力與創意

覺察帶來一個非常重要的東西：洞察力。洞察力，或說是洞悉全局。

我後來發現我有這個能力，是從覺察、並且與自己專注的練習得來的。我發現我看這個世界，有了澄澈的洞察力，而洞察力就是一種創造力。

對談來到第五日，除了繼續覺察的主題，也要將覺察談到一個階段性的完結。阿建老師深知再多理論的探討，也比不上親身體驗及親自覺察所帶來的領悟，那樣才能有所改變。在這個討論的歷程中，他相信從第一次討論至今，老師們對覺察多少已有些體悟。

崇建：很開心再次見到大家。如昨日所說，今天讓我們再將主題聚焦在覺察上。從前幾次的討論中，我找到了幾個能補充的點。在我補充之前，有沒有老師想先提出問題？或許你們提出的問題，也可能與我相同，正好也是我想補充說明的地方。

珊珊：崇建，最近我在與學生談話時，一邊也試著覺察自己當下的狀態，我覺察到當我與學生談話時，學生若聽不明白我說的話，我的內在總是會有焦慮，話也愈說愈急。

崇建：那麼當你覺察到焦慮時，你是否有試著做什麼？

珊珊：

我試著跟我自己做連結，讓自己的冰山鬆緩了一些。

崇建：

珊珊老師做得很好。回到自我的當下，把狀態帶向沉靜，這就是你覺察的自我，也就是我之前曾說過的：當你擁有覺察能力，你就**能被自己所運用**。不是每一個人都能意識到狀態，能讓自己沉靜下來。

珊珊：

可是我後來自己覺得，我當時的鬆緩，會不會只是自己騙自己？一種壓抑自己的狀況呢？

崇建：

我不知道珊珊是否在欺騙自己，而我看到的是：珊珊多了一道覺察進來了。這道覺察是指：當下我的內在，是否有刻意的壓抑、刻意的忽略、刻意的冷卻自己？

這時我們可以進一步問自己：這樣的狀態是好的嗎？是合宜的嗎？其實在學習薩提爾模式時，一開始很多人都有這種狀態——我只是把自己的情緒給壓下來而已，我並沒有好好照顧這種狀態下的自我。

覺察是幫助你更聚焦在一個狀態裡面，更清晰的了解自我。覺察的困難在於，第一、我們往往在一個二元對立的世界裡，尋找單一的答案，我們總認為哪些狀態才是好的，哪些狀態是不好的。比方說，我認為生氣是不妥的，我就會慣性否認生氣這個情緒。在單一的答案裡面，我們忽略了自己有豐富的層次。

第二、對於未知、冒險、脫離慣性，我們是有恐懼的。做為一個人，要掙脫過去的綁架與束縛，是最不容易的階段。而**人在慣性當中，覺察就變得困難**，這就是覺察的一個陷阱——我以為自己有覺察，其實我並沒有覺察。我們常因為過往的經驗、以及認知與慣性綁住了生命，這是覺察中相當困難的層次。

另一個陷阱是——我以為我有覺察，但**覺察之後更重要的是：我做了什麼？**我們可以覺察自己做了什麼，我有靠近自己的情緒嗎？有接納這樣的自己嗎？我行為上的應對，所做出來的事、那些應對，是自己喜歡的嗎？是符合自己的期待嗎？意味著我是自由的嗎？

珊珊：
所以當我想著「我沉靜下來會不會只是騙自己？只是在壓抑自己？」的時候，我應該要再進一步問自己：在這覺察之後，我做了什麼？尤其是在感受上，還有檢視行動，這就是我的應對，可以這樣說嗎？

崇建：
是的，如此一來，比較不會落入覺察的陷阱。做為一位陪伴孩子、引導孩子的人，在幫助孩子覺察、陪伴與引導孩子的時候，孩子能感覺到你無限的寬容與愛，那同時也來自於你，對自己有所覺察與寬容。

進成：
我想提出我個人的提問。當我們能夠靠近自己情緒的時候，這就是一種對自己的關愛嗎？

崇建：

我先舉個例子，假設你是我的兒子，你正在生氣。但我不承認你的生氣，而只是給你吃東西、或跟你說道理，並不是去注意與照顧你的生氣。這表示，我不是去真正的了解你，只是想要解決你生氣，那並不是真正的愛。

再打個比方，假設我的內在有生氣的情緒，如果我愛自己，那麼我得先覺察我此刻的狀態，我得去愛一個生氣狀態的崇建，我要對我自己做一些什麼。如果我什麼事也沒有做，可否視為我不被自己所愛，我被自己忽略了。在我們大腦的慣性裡，往往是在忽略這個層次。我們的頭腦不斷在思考、在運作，而忽略了自身的情緒發生。

什麼是愛自己？一個被愛的人，會得到巨大的能量，如同我當下的感覺，得到一種深刻的能量。時刻能感覺自己，昂然於天地之間，是一種深刻的和諧感。但一般人為達於此，而不是將此當成覺察，就容易升起了執著。

聽到這裡，進成有明白多一些嗎？

進成：我的理解是，愛自己是跟自己更靠近。覺察之後，去看見與接納自己的情緒，這才是真正的關愛自己。

崇建：進成，你以前有用貼近自己內在感受的方式，跟自己靠近嗎？

進成：有。

崇建：你是怎麼做的，能跟在座各位分享嗎？

進成：我大概也就是去感受自己的情緒。

崇建：

假設你感受到自己有一點沮喪跟難過，你會做什麼？

進成：

我會開始注意自己的呼吸，試著更細微的去辨識這些情緒。

崇建：

各位，這個對話就是在做覺察，我們在覺察進成是怎麼運用，怎麼經驗這個路徑。進成說他以前就是這樣應對，因此我在回溯的狀況中，去問他的應對。我現在讓他更細微的看見，也讓我知道他是怎麼做的。那麼在辨識出這些細微的情緒以後，你做了什麼？

進成：

我似乎沒有特別做什麼，但我發現當我辨識我的情緒之後，通常會有另外一種情緒產生，那一股情緒是以往比較少出現的。

崇建：假設當你辨識到沮喪、難過，那會衍生出來什麼樣的情緒？

進成：會有一些……仁慈或者悲憫的情緒。

崇建：辨識到仁慈或者悲憫之後，你會做什麼？進成的覺察做到這裡，已經進入一點點渴望的連結了。

進成：有時候會開始掉眼淚吧。

崇建：掉眼淚是你的行為。我問的是：你會做什麼？

進成：

好像還是在那個狀態裡。

崇建：

到這裡各位會發現，我們在覺察之後，回應自我是非常困難的。剛剛透過進成的陳述，我一邊示範提問他的應對，然後在應對裡面去回溯，在回溯中放了一個攝影機，問他：你是怎麼做的？

進成：

在那個狀態裡時，然後腦海裡好像會試著說一句話，但那句話並不清晰，大概是看見小時候的自己，試著用一些比較溫暖的字句去跟他說說話。

崇建：

進成此刻的情緒狀態，來自於童年的生長背景。那是童年的那個自我在一個環境的應對中，所產生的情緒，多年來一直存在，並帶到此刻而發生。因此在薩提爾的傳統框架中，我們會回溯到過去的童年自我，去愛那個童年自我，這跟去愛自己，也是一樣的。

當我覺察到我的內在有一個能量出現的時候，我就回應這個能量，停在這個能量裡面，這就是我希望所有老師能夠做的。很多人會去問：「我為什麼會生氣？我為什麼會難過？」但這是進入到思考的程序，進到頭腦裡去了。那麼只要是一進到頭腦，就會放棄了與你內在自我的連結。

並不是不要進入到頭腦，而是希望各位在此之前，都能先與自己連結之後，再進入頭腦，如此一來你會更容易**述情跟探索**。這便是真真確確的在回應自我，完整的包容它、愛它。當然這裡面有個困難在於——你可能會因為創傷，而需要來回擺盪。

明融：

我這邊想提出的問題是，我帶領學生學習做自我覺察，但當孩子在我看不見的地方，有一些激烈行為時，我無法幫助他覺察，所以我對孩子說：「當你有些狀況的時候，如果你真的很想要表達，先把它寫下來寫給我看，而不是用其他的方式。」

我有一個好奇，除了我的方法，還有沒有其他方法，能讓孩子在發生激烈行為時停下？

崇建：

明融，我們應該聚焦在自我覺察這個議題。各位，我為什麼阻止明融？因為我想告訴她，我們本來是聚焦在自我覺察，而明融剛剛談的議題是如何幫助孩子覺察這剛好回應我們過去談到的「體驗性」。

假設我有一個情緒，不去體驗那個情緒能量，而以為直接進入愛裡面，彷彿是解決了當下的問題，但其實是經歷的歷程，可能是掩蔽了情緒，沒有將情緒能量釋放出來，這往往會是一個誤區，亦即要讓人走向愛，並非忽略那些情緒，反而是如實的體驗情緒。

再回到去面對一個孩子，孩子發生激烈的應對，我們應該去教導孩子，如何應對情緒本身，而不是老師帶著一個狀態，要孩子不要用這種方式發洩情緒，我這裡說明一個脈絡，也說明教師自我覺察的重要。一般人在面對情緒狀態時，往往快速的走入了愛、和諧、慈悲，某種程度是用愛的能量，去掩蓋情緒體驗的能量。

舉例來說，我去高職帶學生戒菸。抽菸是一種行為，我要讓學生覺察，在什麼情況下會想抽菸，是在內在焦慮、緊張時？還是在不安、害怕的狀態時？抽菸是一種上癮性行為，起因可能來自於童年，可能曾被爸媽忽略，覺得孤單、害怕、悲傷，或是被家暴，而感到憤怒與恐懼。

或許爸爸媽媽很好，但他們有隱藏的祕密，使自己感到孤單，在這個家庭系統裡，覺得自己是隔絕於外的。又或是爸爸媽媽很好，但對自己很嚴厲，這使得自己內在狀態浮躁，總有一股憤怒、焦慮的能量，而這能量是被壓抑的。所謂上癮性行為，包括所謂的抽菸、賭博、外遇、酒癮與網癮，都是一種能量的外求顯現，是一種非理性的行為。

而**這種非理性的行為，需要透過體驗性才得以釋放能量**。假設我體驗到自己內在有這樣的情緒流動，我不會請各位解決這個情緒，一旦進入解決情緒，就會陷入「我執」裡面。比方說，我去愛明融，不是真的為了愛，而是為了去除明融的情緒，這就浮現了我執，也就是執著。若明融的情緒能量沒有去除，我反而會衍生次一等的情緒，叫做焦慮感，我會為了她的情緒沒有離開而產生焦慮。

假設我的覺知還不夠完整，就會不斷陷入覺知的困境裡面，一直循環重複，這叫做覺察的陷阱。所以要怎麼做才好？我們應該要體驗情緒能量，去愛這個本然、去愛這個人，我們得要去接納情緒的狀態。

但接納了情緒狀態，它會衍生出另一個事實——情緒會像海嘯般升高襲來，它可能會使許多人無法接納這個狀態。因此，要教導孩子改變行為與應對，不是進入解決的行動方案，而是幫助孩子體驗情緒狀態的自我，才能夠走入解決情緒困境的方案中。否則你會發現，孩子會不斷重複過去遇到的問題，時間一久，孩子便感到沮喪，他會說：「我就是這樣的人，我沒辦法改變。」

非常大的沮喪跟無助感，因此衍生出來。

那到底該怎麼做？**覺察了情緒能量之後，要合理健康的釋放情緒能量**。這就是為什麼我讓高職的孩子在戒菸時，要他們去罵粗話，合理、健康、流動性的罵，不是對著別人罵，是一種健康的流動。孩子從憤怒往下走，就是巨大的悲傷。憤怒能量是怎麼來的？就是為了抗拒這個世界並不在乎、並不愛他這樣的靈魂。

這是一種自我保護的能量。

如果我們去壓抑這個能量，不引導孩子去愛擁有這種能量的自我，我們就會走入覺知的陷阱裡，在這裡面反覆循環，焦慮也隨之而生。

輝誠：

聽崇建在談覺察，我深深感受到，一個人要自我覺察何其困難？我看到很多老師與學生，覺察時都落到第一個階段——去覺察自己的情緒。而覺察的概念，其實是要覺察整個內在冰山系統，但自己在情緒當中，又充滿了體驗性。我應該要讓自己留在體驗性裡，而不是讓思考留在裡面去體驗。

而體驗了冰山之後，便開始覺察我的觀點、我的期待、我的渴望，甚至去覺察我的生命力。

崇建：

抱歉我插個話。當你進入感受的層次，去覺察觀點與期待的時候，所有的觀點與期待的路徑，就會完全變換方向，出現的答案完全不同，這就是冰山的奧妙之處。

輝誠：

確實如此。我看過許多老師帶著問題來找崇建，但崇建根本不在乎那個問題，而是在乎這個帶著問題來的「人」。我覺得薩提爾學習者的困難，來自於我們期待能幫助別人覺察，但是自己的覺察卻很表面，一是覺察的習慣沒有養成，二是只覺察到片面，三是不懂如何在覺察當中，產生一個正能量出來，就是所謂的轉念、正向，這一點是我覺得最重要的。

崇建常說，他時時刻刻在覺察，但我們最常做的是事後覺察，這事後覺察經常帶著懊惱、後悔與埋怨——早知道會這樣，我當初就不應該那樣做……就是所謂的事後諸葛。我曾私下和崇建聊到、之前也談過的量子的概念，我們的意識像是自動駕駛，大腦其實是有偷懶的慣性、會放空。比方說，刷牙的時候，我們其實沒有在覺察，開車的時候，可能都在想昨天發生的事。

我在此時此刻，但卻活在過去，或是在恐懼明天將會發生的事情，所以我根本不是活在當下。我覺得老師自己一定要有體驗性，才能真正進到深刻的自我覺察，產生正向能量，才有能量去幫助學生覺察。否則談覺察都只像是漂在水面上，隨著水波不斷打轉而已。

崇建：

所以此時此刻我們才齊聚一堂呀。共同討論的狀態，我覺得是這個世界上最美妙的事之一。我們的目的是想讓所有人知道，覺察有多麼重要。

輝誠剛剛談到如何帶到正向，我的方法就是：**當你覺察到你的自我認知，是非常負向的，你可以決定不要這麼負面。能量能帶來一個很巨大的影響，而語言就是能量。**

語言的能量是人們賦予的，比方說，你對自己說：「我是個很善良的人，我是個有創造力的人。」這些語言就能在你的內在產生好的能量場。若對自己說：「我是個爛人，我永遠都做不好。」

你的內在就會出現負能量。那麼，回到明融剛才的提問，幫助孩子覺察。雖然今天的焦點是自我覺察，但談到正向，連結到幫助孩子也是順理成章。**孩子無法覺察，是因為他的內在無法應對。**

一個孩子分心，是因為他的內在有不斷衝突的能量，浮躁、不安、焦慮、沮喪、生氣……所以對話導入冰山系統，我們會直指孩子的感受，這就是幫助孩子在當下做覺察，幫助孩子能夠跟當下的內在情緒連結，他的內在就會穩定許多。

知名的印度教僧人丹代琶尼（Dandapani），他提出一個問題，我非常同意。他說，我們大人一天到晚跟孩子說：「你要專心、不要分心。」但請問大人，你有教過孩子如何專注嗎？沒有。沒有教孩子如何專注，他怎麼會專注？**而覺察，就是幫助孩子專注的功課**。

由此可知，覺察，就是對自己的專注狀態。你必須得非常專注，才能跟自己在一起。

再做個比喻，我抱著我的孩子，我應該要專注的、和諧的跟孩子在一起，孩子才能夠感受到被我愛著。

輝誠：

那麼崇建常說的：我時時刻刻在覺察。能不能多舉一些在日常生活中時時刻刻覺察的例子呢。

崇建：

好的。時時刻刻覺察的前提是：緩慢。如果很快速，就不能覺察。

比方說，吃東西為什麼要細嚼慢嚥？因為如此一來味蕾才能充分感受食物的味道。在正念禪修中，有一種方法叫「經行」，何謂經行？例如為什麼打太極要這麼緩慢，這是為了感受每個拳法的軌跡與狀態，感受所有狀態裡面的感官，有意識的感覺到：我在此刻。

而一般人並沒有在這種狀態裡面，而是在無意識中，在過去與未來的思考裡，並沒有真實的踏在此時此刻。

此外，我做「靜心」。**靜心就是為自己，做更大規模的連結跟覺察，就是跟自己的相處**。我鼓勵各位跟自己做長期的靜心，剛開始會有些困難，腦子裡的思維紛飛，坐不住。但請從一分鐘開始做就好，做完一分鐘之後，給自己一個欣賞，這樣就很好。

另外我鼓勵各位每天給自己至少五次的覺察。怎麼做？問自己此刻是什麼狀態，比方說：現在的我有點浮躁嗎？接著閉上眼睛對自己說：「我跟這個浮躁在一起五秒鐘。」這就是一次對自己的回應。

這就是《創傷與記憶》作者彼得・列文（Peter A. Levine）所說的：**只要回應自己的感官，就是在回應過去傷痛的自我，能因此得到療癒**。所以只要養成覺察的習慣，日積月累，你會發現你的狀態有所改變。而若從腦神經科學來看，回應感官就是在訓練你的前額葉。

訓練你的前額葉，能對於不斷跳動的杏仁核所產生的煩躁與不安感，這些平常忽略的覺知去做照顧訓練前額葉所產生力量，能夠得到巨大的平靜，這就是覺察與回應所帶來的效果。而這每天至少五次的覺察，可以選擇在以下這兩個狀態來進行：

一、覺察你的應對

覺察自己說出來的每一句話，是否在一個比較和諧的狀態。檢查話語中是否帶著指責？是否超出理智？例如對著孩子說：「你怎麼又在玩手機?!」這個「又」的語態上就帶著指責。那麼何謂和諧的狀態？

再比如，對著孩子說：「發生什麼事啦，你在玩手機。你不是答應爸爸要去洗澡了嗎？」這段話在語態上就比較沒有那麼多的指責。

還有一個很重要的東西，覺察完自己的應對後，一般人都是後悔、愧疚、自責：「啊，我怎麼這樣說話……我不該這樣對孩子說話……」如前所說，這便是落入一個漩渦式的覺察的陷阱。

不應該是這樣，反而要對自己說：「我看到了我的應對，我真開心。」把覺察後的發現清楚列出來，想想自己能夠怎樣改變。

二、覺察你的感受

我的內在此刻有什麼感受？剛開始做覺察時，如果感受不明顯，可以用以下三種身體的狀態來感受：胸口悶嗎？喉嚨緊嗎？頭發脹嗎？大部分急躁、急促的人，通常都是胸口悶、喉頭緊。只要覺察這三種身體的感覺，然後回應這個感覺。

至於情緒的部分，可以用你經常有的情緒來做選項。比如說你是一個聽話的人，內在會經常出現很多害怕、委屈、緊張，那麼就用這些做為選項。再比方說是個容易憤怒的人，那麼就覺察自己的憤怒。覺察到憤怒時要承認它，並且體驗它健康的流動，這叫做合理的發洩。**如果沒有健康的流動，就會在你的體內形成能量的阻塞。**

而不合理的發洩就是上癮症、喝酒、抽菸、沉溺於電玩中、在外頭遊蕩等等。

合理的發洩該怎麼做？找一個空曠的地方，專注的感覺這個憤怒，再用一分鐘的時間大吼：「啊啊啊啊啊啊～～～～～」或者在房間裡面，摀著枕頭說：「我很生氣，我真的很生氣，我非常的生氣！……」你會發現生氣的流動在一分鐘、兩分鐘過後，悲傷就浮上來。

接著要**收尾：給自己一個欣賞**——你在生氣啊。我知道你生氣，謝謝你，你並沒有發作。在體驗性的層次裡，這就是對自己的愛。

對腦神經科學來說，「給自己一個欣賞」這個程序，是來自於大腦神經狀態的流程，它對你的內在有實質的幫助。

我邀請各位覺察應對、覺察感受，雖然這是一趟未知、有一點冒險的旅程。如果冒險的過程中產生害怕，那麼也請回應那個害怕。冰山其他層次的覺察，就放在應對、感受的覺察都熟悉了，形成了一種習慣之後，再來進行其他層次覺知。

輝誠：

在崇建剛剛那段說明裡，又再次出現一個關鍵詞：覺察的陷阱。我想我扮演的是一個幫所有老師提出問題的角色（笑）。有時候，大家不好意思當個好奇寶寶，擔心被嫌煩，那我就代替大家，不厭其煩連番發問吧。

崇建：

我想老師們會很感激輝誠的不厭其煩。陷入覺察的陷阱，就是陷入過往經驗的慣性。覺察的困難是：我們往往只會看見慣性帶我們看見的東西。

比如說，我喜歡吃餛飩，桌上有另一盤菜，但我什麼也沒看到，我只看到餛飩。大腦會將我帶向那個我重視的東西，便看不到全貌。再打個比方，一個去菜市場買菜的大嬸說：「哎呀，我搬家了，現在來這個菜市場好遠。」這位大嬸新家旁邊，明明就有個很棒的菜市場，但她說：「我就是習慣來這裡買菜。」

因此習慣就是讓你的每一天，過得一模一樣，缺少了創造力。**沒有讓未知進來，就無法去進行創造**。

為什麼被家暴的婦女，明明都已經離婚了，最後還是回到丈夫的身邊？通常理由是：「習慣」跟打她的丈夫在一起。所以**薩提爾常說：習慣不是一個最好的狀態。你可以去覺察：那只是習慣**。當你覺察到了以後，請給自己更多的欣賞跟欣喜。並且陪伴自己去冒險、去走向未知。

輝誠：

我有個好奇，那麼對崇建來說，覺察為你帶來的禮物是什麼？

崇建：

對我來說，覺察帶來一個非常重要的東西叫做：**洞察力**。洞察力，或說是洞悉全局。我後來發現我有這個能力，是從覺察、並且跟自己專注的練習得來的。我發現我去看這個世界的時候，有了澄澈的洞察力，而**洞察力就是一種創造力**。

因此覺察到最後，會為你帶來人生的專注跟創意。而專注與創意，正是幫助孩子覺察時很重要的能力。舉例來說，有一回我去一間科技大學帶學生做經典閱讀。讀什麼書呢？是川端康成的文章。這班學生是專科部的學生，通常專科部的學生晚上會去打工，白天上課時專注力經常不在。

但對我來說，重點不是孩子有沒有打工，而是怎麼應對。呈現何種應對的狀態？覺知到什麼？回應了什麼？這才是最重要的。那天我到這個班級時，果然，班上將近三分之二的學生在睡覺，老師怎麼叫這些睡覺的學生也叫不起來，束手無策。我跟老師說：「請讓我來。」

我這個客座老師，跑去把所有的同學都叫醒。我說：「起來、起來，各位同學知道我是誰嗎？」同學說：「誰知道你是誰啊？」我說：「喔，我是來做什麼的呢？我看你們都在睡覺，你們怎麼啦？」

我花了半個小時與學生們互動。我當時做的這個舉動，完全沒有套路，是臨場發揮，也完全不知道這樣做有沒有效果。也有可能互動了半小時，學生還是繼續趴在桌上睡覺，我也只能自認丟臉，摸摸鼻子雙手一攤，但是我仍然願意如此。

接著我對學生們說：「那你們這樣何必來上課？這樣好不好，能不能給我一個機會？我要帶你們做經典閱讀，我認為這很好玩，如果你們覺得不好玩，待會回饋給我，讓我這個演講者知道。」我就這樣子帶領同學開始上課，我一邊進行覺察，覺察自己內在狀況，是否有不安、生氣、害怕，或者焦慮，一邊仍舊我的應對，我發現自己更如實，更大膽的創造。

結果這一班同學，討論得開心得亂七八糟，不斷的提問，非常活躍，但是他們把川端康成的文章談到色情上面去了。他們的老師在一旁，看得非常生氣。當我走出課堂時，這位老師對我說：「崇建老師你看，叫他們討論經典文學，卻討論到色情上去。」

我說：「可是你知道嗎，我帶領輔大博士班討論，也把這篇文章討論到色情上去，中興大學的中文系教授們，也有人把這篇文章討論到色情上去，所以你們學校的學生跟他們的程度差不多啊。」

透過這個例子我想傳達給在座各位老師的是：**我們用一點創造力，然後在創造力下面去看見那樣的自己，並且給自己一點欣賞**。我也想問各位，假設是你來到這間學校這個現場，你會怎麼做？不需要現在回答我，請你們回去之後自行發揮創造力。

明融：

我覺得這個創造力，它來自於對自己的一個很大的接納，才能讓許多想法跟創意被激發，並且呈現、流動出來，願意對自己的接納更多，是身為老師的我們的功課。

崇建：

所以我都問自己：今天去做演講，你可以做得很爛嗎？你可以讓所有的人笑你嗎？我說：可以啊，我可以試試看！

不管是成功或搞砸，我都接納這樣的自己。

今天談到這裡，我發現不需要我對各位提出問題，大家就把我想為各位解說的內容給提點出來了。我十分欣賞大家，也請各位給自己更多的欣賞。

我想覺察的討論，就到此告一段落，在你們各自去做覺察的功課之後，一定會有更多問題湧上心頭。到時候，我們就再次重聚一堂，請各位分享覺察的心得，而或許，到那時你們突飛猛進，走到比我更遠的地方了。

明天我想跟各位談的，是「一致性的表達」以及「連結渴望」。其實在討論覺察的層次時，關於連結渴望，已有一些展示，包含請各位老師做示範時，也出現過連結渴望的對話。

而接下來，我們要談得更深，也希望能再邀請各位，來試著挑戰示範，我們明天見了。

第六日

一致性的表達

一致性的重點在拉近兩者的距離，而不是解決問題。
拉近彼此，那麼一致性的第一關就是「與我的內在連結」，
很誠實的冒險與自己連結，管理自己的感受，
而不是用指責的方法來做連結。

隔天一早，老師們都等不及崇建老師針對一致性的表達開講了，早早到來。

崇建：

進成傳了一則訊息到我們的群組裡，我認為這訊息很適合當成今天的開場。雖然在場各位應該都看過了，但我想再為各位朗誦一遍，並且對這個訊息稍做說明：

郭進成老師，今天我看到你和其他三位老師一起直播，我看的好好喔，真的好棒，媽媽真的要感謝你。今天看到你們在那邊直播，我真的好開心，我真的為你驕傲。

小時候讓你做那麼多事，又讓你照顧妹妹，我真的很感恩。你也要好好照顧你的身體，一定要好好努力。你一直這麼疼愛媽媽，媽媽真的很感謝你，還要謝謝兩位老師，你們疼愛郭進成，我在這邊再一次的感謝兩位老師。

喊進成叫郭進成老師的，是進成的媽媽，由於進成的媽媽不會寫字，他便買了一支智慧型手機送媽媽。媽媽用語音輸入的方式，發了訊息給進成，對進成表達她的感動之情。

說到這裡，我發現進成的眼眶紅紅的呢。

進成：

現在想起來，還是覺得很感動，眼淚就不自覺流下來。

崇建：

在我這裡你儘管真情流露吧，進成。這則來自媽媽的訊息，各位是否發現到裡頭的玄機？相信有些老師已經發現，訊息內容與我們今天要討論的主題十分相符。

這則訊息其實是非常「一致性的表達」，而且這個表達是穿透到內在冰山的渴望層次，充分表現出媽媽的愛，因此進成此刻才會淚眼汪汪。進成的媽媽在不經意中，為我們做了一次美好的示範。我們才要感謝郭媽媽！

輝誠：

這也是我今天想要提出的一個觀察。以前看到崇建在做對談時，往往說著說著就令對方掉下眼淚。事後我問崇建，他說，他總是帶著欣賞、尊敬、虔誠的心，進到對方的內在。觸動到對方內心而使其落淚，是透過連結到對方冰山渴望層次，而這表達就是「一致性的表達」。

對於學習薩提爾的人來說，「一致性的表達」是一種不容易理解與學習的概念，而今天的目的，就是要讓各位確實理解一致性表達，並且能夠實際操作這個概念。我過去也對一致性一知半解，是透過與崇建的相處，而漸漸理解了何謂一致性。

比方說，有次我們兩人一起吃飯，我說了對學思達老師的看法後，崇建對我說：「輝誠，你其實看來不太一致。你其實在乎學思達核心老師，但你卻說你不在乎，這讓我費解與困惑。」的確，有時候我說出的話，跟我內在的實際想法其實不同，但崇建除了時時刻刻覺察他的內在冰山，也同時關注我的冰山、覺察了我的內在。

崇建：

輝誠說到這裡，正好可讓我帶到一致性的定義。**一致性有兩種層次，一是你的表達與溝通，我們稱為一致性的表達、一致性的溝通。另一種層次是你個人的狀態是否一致。**

舉例來說，有一回我與姪兒吃飯，他吃得非常慢，一頓飯吃了一個小時，而且分心、不專注。如果我對姪兒說「來，專心吃」，這是一種邀請。而這個邀請如果說得更重一些，比方說「趕快吃」，就會變成一種壓制。接著發現姪兒沒有符合我的期待，我的整個應對變得很著急：「快一點！」這個應對是一種命令。

於是姪兒後來都在分神應對我的應對，顯得更分心，或是衍生出第二個副產物——內在產生巨大的焦慮感、被壓制的狀態，這就是大人所不知道的孩子的冰山狀態。這個命令式的應對，可能是一種不一致的狀態，但我覺察到了。接下來我對姪兒說了：「快一點，大家都走了！」這句話是語帶威脅，姪兒的焦慮感更高了。

如果不覺察，我不會知道姪兒的焦慮，但我覺察到：我並沒有引導他去進入他的焦慮，反而替他的冰山創造更多的焦慮。因此在這個狀態當中，我有了一個覺察：我．在．做．什．麼？

這個覺察來自於：**我看著我的冰山**。

在這個狀態當中我給自己一個問題：我這樣做，他有吃得比較快嗎？另一個問題：他可以不吃嗎？如果吃不完，我是否會擔心？到這裡通常做父母的會出現一個擔憂：他這麼瘦怎麼辦？他營養不良怎麼辦？但無論你的擔憂是什麼，都是你自己的，你所做出來的應對，對於現實並無幫助。因此在這個狀態當中，我給自己一個決定：等他吧。等到六點時，我就決定不吃了。

我對姪兒說：「阿伯等你到六點，到六點就走吧。」姪兒說：「那如果沒吃完怎麼辦呢？」我說：「沒吃完是不愛惜食物，對嗎？那下次就讓你選想吃的東西好嗎？」

我們在解決問題時，往往被慣性困住，因此並沒有得到想要的結果，反而破壞了關係，而使得彼此漸行漸遠。我們可以用更有創造力的方式去解決問題，比方說，與對方討論。姪兒聽到我說下次可以自己選，便說：「下次我吃飯糰就好。」當然我若真的讓姪兒吃飯糰，內在會有營養不足的擔憂。

透過以上舉例我想跟各位說明，我們一般的表達往往是不一致的表達。比方說，「輝誠快一點，你吃這麼慢，阿伯很擔心你這樣子來不及。」擔心是你的，這句話並不是一致性表達，是一種指責（吃這麼慢）。那一致性的表達是什麼呢？

「輝誠啊，你是吃不下還是你怎麼啦？阿伯很關心你啊，阿伯可以等你到六點。」相較於前者，這更趨近一致性的表達。

輝誠：
聽到這裡，我感到更靠近一致性的表達了。但不夠，我還想要更多舉例。

崇建：
好的。比方說，學生小雯交來的聯絡簿，已經好多天沒給家長簽名，老師有點生氣，希望小雯下次交來的，是家長有簽名的聯絡簿，那麼如何對小雯做出一致性的表達呢？舉例如下：

「小雯，老師看到你的聯絡簿，已經好幾天沒有給家長簽名了，老師其實有一點在意，那老師希望你可以把聯絡簿給爸媽簽了再交給我。」一般來說，在薩提爾浸潤很久的人，每個人的表達不同，去選擇你可以運用、能了解的就可以。

明融：

崇建，對於一致性的表達，我遇到的困難是，在那個當下我知道我內在的情緒狀態，我會覺察到我現在沒有辦法回應它，也沒有辦法好好回應對方。或者是，即使我有辦法回應對方，但可能會去傷害到對方，因此我就會選擇不回應。

崇建：

不回應，就是「指責、討好、超理智、打岔」這四種應對姿態中的「打岔」。轉身了不說話，這就是「打岔」。

「打岔」是「忽略自己、忽略情境、在乎他人」的應對姿態，而「一致性」的應對姿態，是「在乎自己、在乎情境、在乎他人」的應對姿態。

各位看到兩者的差別了嗎？以下讓各位參考四種應對姿態。

I、指責

指責的應對姿態，是為了求生存，保護自己的姿態。
在與人應對時，在乎自己，在乎情境，忽略他人。
總是用否定、命令來溝通，並不是表達自己。

Ⅱ、討好

討好的應對姿態，是為了求生存，保護自己的姿態。

在與人應對時，忽略自己，在乎情境，在乎他人。

為了得到父母的愛，得到他人的認同，總是唯唯諾諾，以「好」、「答應」來溝通，並不是表達自己，因為討好者擔心，一旦表達自己，就得不到他人重視、愛與價值。

Ⅲ、超理智

超理智的應對姿態，是為了求生存，保護自己的姿態。
在與人應對時，忽略自己，在乎情境，忽略他人。
為了得到被認同，溝通時總是爭辯、說理認為自己是對的，並不是表達自己。

Ⅳ、打岔

打岔的應對姿態，是為了求生存，保護自己的姿態。
在與人應對時，忽略自己，忽略情境，在乎他人。
為了面對壓力，溝通時不表達自己，而是用不溝通來溝通。

一致性

一致性的姿態，內在和諧寧靜，外表專注放鬆。
在與人應對時，在乎自己，在乎情境，在乎他人。
溝通時懂得表達自己。

明融剛剛說，她覺察到內在有一個情緒，她沒有辦法去回應這個情緒，也沒有辦法好好回應對方，因此選擇不回應。這種「打岔」的表達，我們稱之為「不一致的一致」，選擇「打岔」，也是某種一致性的表達。

但「不一致的一致」久了以後，就會不斷走向這種應對姿態——我就是不想講話啊，我不願意冒險去看我的冰山。走入了一個弔詭的誤區。好，那要如何做一致性的表達？

在課堂上，我會讓孩子知道：「老師對這件事情有些難過，甚至有一點點的生氣，所以老師現在的狀態，可能沒有辦法回應你，我找不到一個適合的方式回應，我們可以再另外約時間嗎？」

以上這種說法，跟對孩子說：「你這樣做我很生氣，你知道嗎？」這兩者雖然都表達了生氣，但之間有什麼差別？在場有誰可以回應我？

輝誠：

「你這樣做我很生氣，你知道嗎？」這個應對中帶著指責。

崇建：

我也是這樣的看法，我們經常在一致性的語言裡面進到一個誤區。

例如，小明跟伴侶說：「你這樣做我很生氣。」

伴侶說：「你這樣我也很生氣啊！」

小明：「那你幹麼那麼生氣？」

伴侶：「我為什麼不能生氣？」

小明：「那你為什麼可以生氣？」

其實兩個人都在指責對方。這裡面有個概念，**「一致性」是：要去覺察及回應你的情緒，再來表達**。問題來了，各位會發現，我在講一致性的時候，通常是拿「指責、討好、超理智、打岔」這四種應對姿態來比較，因為這四種應對姿態對所有人來說最好理解。也有其他應對可能也是一致性，但要解說較為困難。

到這裡，讓我來更進一步說明什麼是「一致性」。

我們頭頂著天，腳踏著地，有一股能量貫穿。你能夠和諧的給予、也能夠接納，稱之為「一致」。

這個隱喻（metaphor）非常美，但它要在我們的生活中落實，真的有點困難。我們能參考專家的話語，如我的老師、家族治療大師瑪麗亞・葛莫利（Maria Gormori）說：「一致性是一種選擇，它不是一個規則。」也就是當你要去表達的時候，不可能永遠都一致。你可以這樣選擇，你也可以那樣選擇。

比方說，強權試圖壓迫弱勢、試圖影響你的生命，你可能就是要對抗，就是要指責強權。假設你選擇要指責，則稱作「不一致的一致」，但就像前面說的，「不一致的一致」久了，永遠都在「不一致的一致」。

此外，**一致性不是面面俱到**，一致性的希望每一個人都喜歡你，那叫鄉愿，一致性不是成為別人眼中的好人。

明融：
那麼崇建過去提到的「好奇的連結」，也屬於一致性的表達嗎？

崇建：
應該這麼說，我只是把「好奇」這樣的技巧，放進提問語言裡，「好奇」這件事本身不一定隸屬於「一致性」的姿態。這就是為什麼這麼多人對「一致性」的理解很模糊，與「一致性」有出入。

與「一致性」同樣模糊的，是我們冰山底層的「自我」。「自我」是大我、生命、靈性、能量，怎麼去解讀「自我」也是件困難的功課。而若用腦科學來解釋「一致性」，假設你大腦的思考跟認知，與你的情緒跟身體反應融合在一起，就是一個一致的狀態。好比說，假設我的情緒產生了害怕，但我的思考否認我這個害怕，那我其實就不一致。

我的老師貝曼對「一致性」有層次分明的解釋，讓我為各位講解。貝曼老師說一**致性有三層狀態**，**第一層狀態是：接觸自己的感受**，**承認自己的感受**，**管理自己的感受**。貝曼老師說，但這個層次對於「超理智」的人而言，在感受上是很困難的。

什麼是「超理智」的人？一直在說道理的人，當老闆的人，領導者……通常這樣的人都在做「超理智」比較多。

那麼我現在要問各位，你對自己的感受接觸有多少、了解有多少？

例如前面明融說，她知道自己很生氣，也承認了自己的生氣，也為自己的生氣負責了，這是一致性的第一層。雖然明融並沒有解決她的生氣，但她管理了自己的感受，而且在應對上面並沒有去傷害別人。

此外在家庭中也時常遇到一致性表達的困難。比方說，明融是我的女兒，我說：「明融啊，這個東西你不要那樣拿，要這麼做才對。」明融生氣了，在內心整理了一會兒後，她說：「你說完了嗎？」明融依然故我，不照爸爸的話去做。這時候我這個做爸爸的可能會回她：「你這個孩子怎麼這麼不受教」、「爸爸跟你說你都沒在聽」。

如果是剛剛那樣的應對，可能就會造成衝突的來源。從這個例子我們來看，一致性是什麼？

一致性首先看到的：我的自我是站在後面。從小在環境的應對裡形塑而成的自我，現在我長大了，在應對這個世界的時候，自我站在我的後面，因此我要回過頭來覺察與回應這個自我，把這個自我帶到我的面前，再來回應它。這叫做「照顧」一致性的表達。

假設沒有去照顧過去的那個「自我」，像剛才明融回應爸爸的：「你說完了嗎？」爸爸就會因為這個狀態不斷的跟明融交鋒。明融後來可能會說：「好啦，不跟你說了，不想談了。」形成「打岔」的應對。

那麼這個案例的一致性應對該怎麼做？

我說：「明融那個不要再這樣拿了，爸爸都講幾次了你怎麼還是這樣？」假設到這裡明融的覺察進來了，她說：「爸爸，你想關心我的是什麼？」我說：「每次講你都不聽啊，這樣做，你覺得OK嗎？」明融：「嗯，我知道你的擔心，但我還滿喜歡自己這樣做的。」我說：「什麼喜歡？爸爸都說幾次了，你就一定要這麼固執？」明融：「可是我不想要照你的方式做。」我說：「你就是這麼不聽話。」明融：「你這樣講，讓我覺得很受傷。」

這個情境是：明融可以坐在這裡聽爸爸說話，但不一定會接受爸爸的意見。「你這樣講，讓我覺得很受傷。」這句話，一致性的表達了明融內在的感受。

由此我們看到：一**致性的重點在拉近兩者的距離，而不是解決問題**。拉近彼此，那麼一**致性的第一關就是「與我的內在連結」，很誠實的冒險與自己連結，管理自己的感受，而不是用指責的方法來做連結**。

這內在狀態我們稱之為：一**致性的狀態**。至於與對方連結的表達姿態，稱之為：一**致性的表達**、一**致性的溝通**、一**致性的應對**。

明融：

那麼一致性的另外兩層狀態是什麼？

崇建：

我的老師貝曼說，一致性的第二個層次更為重要，**第二層叫做：跟自我一致**。這不是停留在感受的層次，而是進入更深的層次與自我產生一致性的和諧感。「一致性」最早是薩提爾女士說的一段話，她說：「啊一致，我們可以更一致的表達。」

而冰山這個系統，是我的老師貝曼歸納整理做出架構，並且做了脈絡上的解釋，使得薩提爾模式在初期有了比較完整的框架。我的老師是一位心胸非常寬大、有能量、有愛的人，我時時刻刻在仰望他。他說一**致性的第三層是：與靈性的連結**。

什麼是靈性？在《家庭如何塑造人》這本書中，薩提爾女士對靈性做了解釋：

靈性是成長，是生命。揭示的動力是：精神的展示。

因此她說，要認識精神的力量。薩提爾女士小的時候住在農場裡，她總是好奇精子跟卵子是如何形成生命的。她認為這種生命的連結被灌注了靈性，非常偉大。

而我對於一致性的理解，我完全能夠理解貝曼以及薩提爾女士所說的靈性。因為它是一個體驗，這種體驗類近於：**合一**。比方說由印度上師巴關（Sri Bhagavan）創辦的合一大學，學校中提倡的是「覺醒」，覺醒的狀態就是你能夠在當下一致、合一的狀態。

中國的老莊思想與儒家思想，也都有天人合德、天人相應、天人合一的說法，《黃帝內經》也講天人合一之感。人能夠與天地相應，便是一種一致的狀態。

進一步解釋是：萬物的能量與天地的能量，在你的生命裡有一種連結的感應，它是一種一致的狀態。那麼我們要問：這一種狀態是什麼狀態？怎麼樣才能夠得到這種狀態？這種狀態在遇到事情時，是否還能夠維持這種狀態，去做出一致性的表達。

輝誠：

我認為，用「成長」與「覺醒」來表達這種與宇宙能量合一的靈性狀態，似乎更容易理解。那麼是否也能用冰山系統來說明一致性的三個層次呢？

崇建：

好的。

貝曼老師說一致性的第一層：理解自己的感受、管理自己的感受。是在冰山的渴望層次以上——我能夠理解我的感受。一致性的第二層：跟自我一致，以及第三層：與靈性的連結，在冰山的渴望層次以下，它就是精神性。

你期望自己有價值，體驗到了價值感，這就是連結了渴望。再往冰山的底層走，叫做自我，自我包含靈性——與自我連結，與整個萬物的應對有一種融通的感覺，就是天人合一。

不瞞大家，今天與你們相聚，我在好幾個片刻跟當下，都感覺到一種巨大的感動在我的體內升起，我連結到生命的美，我感應到這個世界的美，此刻我與靈性層次（一致性第三層）有了和諧的連結。

同樣的體驗在幾年前也曾發生。幾年前我腿斷了，還是按原訂計畫去馬來西亞演講。馬來西亞的朋友擔心我的腿，問我是否要取消演講，我說不用。在當地的每一場演講我都談笑風生，當地人問我：「老師，你的腿不痛嗎？」我說：「當然會痛啊。」「那你怎麼沒有半點痛苦的模樣？」「因為身體的百分之九十九不痛啊！只是腿有一點點痛。我可以把我的能量灌注與關注在別的方向。」

當地人不太能明白我在說什麼，其實這就是過去我曾說的「我的身體為我自己所用」，是自我的覺察跟回應（一致性第一層）。

即使我在受傷的狀態，或在失落、痛苦的狀態，我要怎麼去關照我這個整體？

並不是用頭腦告訴自己說：我還是很幸福啊。而是你真的能夠感受到幸福的樣貌，但你也沒有否認你在痛的狀態，這就是你與自我連結，與自我一致（一致性第二層）。而如果你能夠感應到生命的美，它做為一個能量灌注到你此刻的當下，這叫做一致性的境界（一致性第三層）。

你感覺到你內在的靈性，與萬物的存有，不斷的連結在一起。聽到這裡如果還是覺得很抽象，那麼接下來我們再請老師們做一致性表達的示範。我會用全貌來看兩件事，一、表達、就是應對，二、你的狀態，我會回答各位做的是不是一致性的表達。

好！誰要先來？

輝誠：

示範要設定在哪種情境好呢？不交作業的學生？違規、吵鬧的學生？

崇建：

那就由輝誠先來示範不交作業的學生，好嗎？由進成來當輝誠的老師。

輝誠：

那就來吧！進成我是你的學生，你把我叫來找你，但我什麼話都不會說。

進成：

ＯＫ！「輝誠，老師有注意到你這禮拜都還沒有把作業交上來。老師也有發現，你現在還是不想跟老師說話，可是老師真的還滿關心你的，如果你有遇到什麼困難，老師希望你跟我說。但是老師在這裡看到，你每天還是有來上課，老師還滿開心的。老師這樣說，你有話要跟我講嗎？」

輝誠：

（不說話）

進成：

「輝誠，那老師這裡沒有事了，你就先離開吧。」

崇建：

輝誠，剛剛的對話你有什麼感覺？

輝誠：

裡面有一個點，會讓我有一點感覺。是進成說他關心我這件事，這個部分在某個程度而言，的確是有一致性的表達。

崇建：

關於這個，之後我會再歸納什麼是一致性的表達。接下來換明融。用同樣的案例來示範。

輝誠：
我現在演特殊學生演上癮了（笑）。

明融：
好的。「輝誠，你的作業已經兩次沒有交了，老師想知道一下，你是遇到什麼樣的困難，或有什麼狀況嗎？」

輝誠：
（不說話）

明融：
「你現在不想回應老師是嗎？輝誠，老師把你找來，是想關心你的情況，如果有什麼樣的問題，你願意說的時候，再跟老師說。如果你現在不想說，老師不會勉強你，但我希望你知道，我是非常關心你的。我們先談到這裡，等到你想說的時候，再來跟我說。」

輝誠：

「OK。」然後我就轉身離開了。

崇建：

很好。輝誠你要講解嗎？講解你的感受。

輝誠：

我覺得有兩個東西會觸動到我，第一個是**停頓**。

崇建：

對，這個停頓非常好，所以我過去不斷提醒要懂得停頓。這個**停頓裡面有兩層含意**：

一、**讓輝誠開始down下來去跟自己連結**。別忘了，學生的內在一定有很多的感受。

二、**老師也可以在這個地方稍微停下來，知道自己下一步要怎麼去應對**。

剛剛明融做了兩個停頓，我認為這是非常好的示範，也是個一致性的表達。

輝誠：

對啊，所以在那個停頓裡面，我突然覺得內心波濤洶湧。

崇建：

輝誠你這麼入戲呀。

輝誠：

哈哈哈沒錯。第二個，是明融表達對我的**關心**，那個關心我覺得會觸動到我。剛剛進成的應對也很好，但我覺得少了一個東西：停頓。那個拉開的距離，自然而然就會打開蹦出一個東西，好奇妙呀。

崇建：

其實看進成在社群上的分享，他在平常的示範是有做到停頓的。停頓這個概念，其實薩提爾模式並沒有提到，停頓是由我提出來的，停頓就是樂譜中的休止符。很多老師、父母跟我回饋，學了停頓之後得到非常大的效用與改變。

別忘了，大人的內在也有冰山，冰山都還沒有停下來就要做應對，所以得要去停頓。

明融：所以在教學現場的停頓，對我來說能幫自己增加緩衝。因為其實我的內在會波濤洶湧，情緒會滿多的。我知道，再不停頓的話，一開口就開始變成指責。所以我會很刻意的提醒自己適時停頓。

崇建：剛剛的狀態中，這兩位老師都很坦誠。明融說遇到這個狀態會波濤洶湧，對嗎？當這個狀態發生時，你們可以去做個檢視，當第一個波濤洶湧、第五個、第十個、第二十個……出現的時候，波濤洶湧的程度有沒有降低。變成百分之七十了嗎？應該有降低了嗎？

輝誠：我插個話，剛剛我說進成的示範沒有停頓時，崇建他做了一件事情：他關照了進成。他說看進成在社群上的分享，其實他在平常的示範是有做到停頓的。如果我是進成，我一定也感覺到自己**被比較了**。

而我扮演的是學生，我會坦白說心中的感受。但當我在做帶領者時，如同崇建，我得要用一致性的表達去關照所有人。此外我要回答進成之前問我的問題，我是怎麼去看待學思達老師的，我的應對姿態是什麼？

其實我的背後都有崇建。比如說，我與進成的對話結束後，我會意識到，我是站在一個高點在指責進成。我對學思達老師有期待，但是他們沒有符合我的期待時，我做為學思達的帶領者，就會有點急，應對中就會帶著說教跟指責的口吻。

這時候崇建就會提醒我一件事情：你後續應該要再做個動作，讓他們覺得是溫暖的。我覺得崇建在關注這件事上，非常非常的細膩。

崇建：

輝誠也是觀察入微，分析非常到位。的確，輝誠某種程度上感覺到可能有比較，因為那個當下我們都把目光聚焦在明融的身上。

我對孩子的關注就是如此，要看孩子的全貌。我關注到進成還曾經在社群上，特地將停頓拿出來做說明，這就是全貌裡面的其中一個點。原本我認為提出這一點對此有感覺的是進成，沒想到輝誠瞬間就能夠去捕捉，這是非常細微的觀察能力。接著我再對一致性做解讀。

我從貝曼老師那裡學到：**一致性的表達得表達到渴望的層次**。

渴望的層次是什麼？就是我對你的愛、我對你的關心、我對你的接納。

但問題來了，老師明明就對學生有很多的生氣，根本就不想關心學生。「要不是你是我學生，我才懶得理你，你不交作業，我幹麼關心你……」這可能是不少老師心中的OS。

所以我如果對進成說：「進成我很關心你，老師很關心你。」這個表達彷彿是一致性的表達，是一種操作的狀態，但問題是，這表達並沒有一致啊。不關心學生，卻說關心他，這裡面就有一個違反的狀態。

所以一致性的表達操作的困難就是：外在是外在，內在是內在。那麼就要問：我怎麼可能喜歡每一個孩子？我怎麼可能接納每一個孩子？這是留給各位的問題：要怎麼去與孩子連結？

還有一種表達不一致，比方說身為父母，明明對孩子有關心，可是在跟孩子表達關心的時候，說：「爸爸很愛你，但你要準時交作業。」這不是一致性的表達，因為這是把期待凌駕在渴望之上，並沒有跟渴望連結。

這就是為什麼整個薩提爾的脈絡是環環相扣的，你要先去體驗到你的渴望，你表達出來的渴望就變得不一樣。例如，同樣說我愛你，你為什麼對於某個人說我愛你特別有感覺，除了你對他也有愛之外，這個人表達他的關懷與愛的方式必定有觸及你的渴望層次。

輝誠：

那麼剛才那個不交作業的學生，來問崇建是否也做個示範？

崇建：

其實剛才的示範已經很棒了。也許我在明融的歷程裡面再加個東西給各位看。我想輝誠一定看得出來，但你要為各位做解釋。

好，我把不交作業的輝誠叫過來。「輝誠，你兩個禮拜沒交作業了，你怎麼了？老師這樣跟你說，你會生氣嗎？」

輝誠：

（不說話）

崇建：

「還是你不想說？老師不知道你發生什麼事，也許之前你沒有交作業，老師可能對你稍微嚴格一點，我不知道我有沒有這樣。但我很關心你，因為不交作業會被處罰，老師不想處罰你，你想說的時候再跟我說，我還是謝謝你來。」

接著我會拍拍輝誠兩下。

我多加了幾個東西，對嗎？好，輝誠，你先來說說。

輝誠：我好想哭喔。

崇建：是嗎？

輝誠：嗯，真的。

崇建：

我先說明。不管我在這段話加了多少東西，各位要記得一件事，形成孩子行動的冰山上層，來自於他冰山的內在，而冰山的內在，來自於它有一個歷程的發展，歷程的發展就是：從哪裡走到今天這個地方來。

我要如何在一個精簡的對話裡面，消除孩子與我的衝突？來自**歷程**的提問。在好奇裡面，我列了一道手續叫做**回溯**。所以我剛剛說：老師不知道你怎麼了，你不說話，你發生了什麼事？你之前沒有交作業，老師是不是對你有嚴格的態度……這就是我在回溯的歷程，去看他冰山形成的緣由。

如果我們能夠在歷程裡面跟孩子貼近，通常孩子比較願意靠過來。也許會有老師問：孩子沒有交作業耶，這樣表達沒問題嗎？

對我來說這是兩個層次：一、不交作業，要怎麼處罰他。二、怎麼回應他，這是一個規則。

如果一直不斷壓迫孩子，你要給我交作業，孩子也並沒有交，搞得自己身心俱疲，孩子也是不好的狀態。那麼我們應該鬆動他的內在，一而再，再而三，到最後一句話，我還是表達規則：如果沒有交作業，你會被處罰。也表達了我的期待：老師不想你被處罰，但我不知道你怎麼了，想說再跟我說。

最後我拍拍他，停在這裡。

他的內在可能會風起雲湧，可是我不會等他來找我的，我一定在他來找我之前，比方說這天下課的時候，我會特別把輝誠找過來，問他：「輝誠，你還好嗎？因為老師今天跟你說話，你並沒有回答，我不知道你現在怎麼了，還OK嗎？」

輝誠：

「有比較好一點啦。」

崇建：

我會再問：「那個作業的事，因為老師還沒有處理，你要跟老師說一下嗎，可以嗎？」

我會在這裡停頓，多半這個孩子跟我做對話的意願會提高。

我每次的示範都不一樣，也不一定每個都百分之百好，我有的是一個框架，一個針對人性的內在連結裡面的框架——怎麼幫助一個孩子連結他自己？怎麼幫助一個孩子跟我做連結跟靠近？

這就是框架。框架所說出來的語言，沒有標準答案，這就是為什麼薩提爾的工作者與學習者，反對有技巧上的脈絡，如果認清由來，就不會被招式限定住，不會說哪個招式有效、哪個沒效，因為我們走的是內在的歷程。

此外，去展現歷程的時候，我的內在狀態是很重要的關鍵：我真的願意坦誠面對我們之間的關係嗎？不交功課，我對你有很深的生氣，我真的走過來了嗎？還是我只是：啊，算了，對這些屁孩哪有什麼辦法……

這句話不是接納，叫做無奈。**取自於你生命底層的一種無奈的力量，不是一種真心的接納**。這句話裡面沒有靈性。

輝誠：我再稍微解釋一下。剛才我不說話只聆聽，我像是一個凝結的冰山。當崇建停頓下來時，我感到冰山在搖晃，然後又有幾個溫暖的力量進來。

崇建：輝誠的解釋很好：停頓的時候他在搖晃。我們一般沒有讓冰山搖晃的狀態，再重新重組的機會。

輝誠：對。第一個停頓的時候，我開始鬆動了。原本我打岔不講話，是凝固的冰山。另一個是崇建說：我不希望你被處罰。就是他表達關心的時候，觸及我的渴望，我開始有點融化。

我覺得更困難的是，老師自己的冰山其實也凝固了，當老師凝固的時候，他的冰會傳給孩子，很容易讓孩子先凝固。所以老師的應對姿態會愈來愈火大，兩個不穩定的內在，加上孩子又不講話，很容易就衝突起來。

剛剛的對話裡面蘊含著好幾個層次，一開始是好奇的提問，接下來是一致性的表達，融通在一起形成了連結。這就是我為什麼要特別邀請崇建來示範，他在框架中運用得更純熟。

崇建：我想是因為各位帶給我許多感動，才能在當下有這麼多靈感。就像前面我所說，我在好幾個片刻跟當下，都感覺到一種巨大的感動在我的體內升起。

今天就談到這裡吧。下一回我想針對「一致性表達連結到渴望層次」更深度的說明，也請各位多帶些案例前來，讓我們一起探討，一起演示靈性中的生命之美。

第七日

一致性的表達
要連結到渴望層次

在沒有體驗性的情況下，也就是對自己的存有狀態不體驗，就會活在一個蒙蔽的狀態裡面。

所以渴望的連結就像是用一塊布，把內在的系統擦乾淨，讓自己去體驗到一個清新的自我。

前一天討論一致性表達的餘韻，仍留在老師們心中。老師們各自回家後，調出過往面對孩子們的對話經驗，在腦中把對話重來一遍。「如果當時這麼對孩子說，是不是會有不一樣的結果……」

同時也對於崇建老師提及的：「老師的表達是否內外不一致？」進行思考，「我怎麼可能喜歡每一個孩子？我怎麼可能接納每一個孩子？我要怎麼去與孩子連結？……」一致性果真是不容易的功課。

崇建：
昨天我們討論一致性表達時說到，希望能給老師們多一些示範的機會，那麼今天有沒有誰帶案例來討論呢？

輝誠：
我提出一個案例。

幾年前我去香港一所中學演講，在下課後，一位老師來跟我說，他班上有個學生人際關係不太好，做老師的特別多關心了這位學生。在這位學生的生日前一天，他還精心寫了一張生日卡片，親自拿給學生，沒想隔天下課時，這位同學在走廊把他叫住，當著他以及其他師生面前，把這張生日卡片給撕破了。

這位老師說，當下他好生氣，什麼話都沒說，轉身就走了。他問我：「遇到這情況該怎麼辦？」

其實當時我沒有回答他這個問題的能力，那時我剛認識崇建，剛開始學習薩提爾。如果是現在被問到這個問題，我會跟這位香港老師建議：我會去照顧孩子的內在，去核對孩子的情緒，甚至連結到孩子的渴望層次，幫助孩子安頓自己。

我們今天可以就這個案例試著應對，假設我是那位撕掉卡片的學生，進成與明融是那位老師，各位會如何應對我這位桀驁不馴的學生？也想請示範的老師告訴我們，在學習薩提爾之前與之後，做出應對的差別在哪裡。

崇建：

那今天我們順序反過來，由明融先開始示範好嗎？

明融：

好的。

如果是學習薩提爾之前的我，學生做出這個舉動，我會很錯愕，會想著：你為什麼這樣對我。剛開始教書第一年時，我發生過類似的情況，當時我跟學生說：「等我們兩個冷靜下來再談。」接著我就離開現場了。

學習薩提爾之後的我，我可能會先問學生：「你剛才做這個動作有受傷嗎？」我的想像是這孩子在當時情緒很激動。另外我會想到：孩子不會莫名其妙跟我做這個動作。我會很好奇這個孩子怎麼了？特別生日卡片是老師前一天給他了，這中間過程發生了什麼事情嗎？先在心裡好奇之後，我才會做出回應。

輝誠：

那假設我是那個學生，請明融開始回應我吧。我一句話也沒說，撕破了生日卡片。

明融：
OK。
「你剛才做那個動作有受傷嗎？你特別來找老師做了這件事，有什麼想跟老師說的嗎？你是不是想跟老師說什麼？老師在卡片寫的內容，是不是有哪個地方讓你產生了不舒服的感受？」

輝誠：
先停在這裡，我先講我目前的感受。我愈來愈生氣，覺得我快要爆炸了！

崇建：
這裡我想插個話。我想的是，一個老師在應對這個狀態時，必定會針對這個情境背後歷程的解釋來做回應。我對這個問題，充滿非常多的好奇，我以前在回答試題時，常常衍生出很多疑問？如果現在是考試，我現在有很多好奇，也就是衍生出的問題，會想要搞清楚。我想要表達的意思，不是「孩子怎麼了」而已？而是「孩子發生什麼？而成為這樣的狀態？」

試想第一個問題，一位老師在孩子生日前一天送卡片，這裡的背景與脈絡，會是什麼呢？我感到很好奇。我的第二個好奇是，送了卡片以後，為什麼這個孩子要在老師的面前、用這種表達方式把卡片給撕掉？這個孩子的冰山是怎麼了？我會先去看這兩個狀態。

如果是我，我會先問這位香港的老師：

發生了什麼事？讓你想送卡片給學生？

後來你們之間怎麼了，以至於發生這些衝突？

你寫這個卡片想要表達的是什麼？

那你表達了以後，看起來這個孩子並不接受，他走到你面前把卡片撕掉了是嗎？

這就是先去看老師內在的歷程，再看他的冰山，這樣也有助於教師覺察，孩子的狀態不是憑空而來，可能有一個背景在發生。我想先就情境做解讀，再請老師們示範連結與表達。

輝誠：沒問題。

進成：我剛剛一直在回想，過去我有沒有這種經驗，如果有的話，我的第一個反應會是暴怒。學習薩提爾之前的我會暴怒，學習薩提爾之後的我可能也會。

輝誠：進成暴怒的狀態會是如何？

進成：我應該會大聲的罵他吧。比方說直截了當罵他：「你這個混蛋！」不會說：「你到底在幹麼？」這種罵法顯示我處於下風，滿孬的。而如果附近有東西，我可能會摔東西，比方說摔點名簿這類的東西。

輝誠：
那學了薩提爾之後，你的應對會是如何？

進成：
學了薩提爾之後我可能還是把點名簿摔出去（笑）。可是我會**覺察**到我摔了東西，開始回到自己，問自己：你怎麼了？也許還是會僵在原地，深呼吸很久。而學生看到我摔東西，他應該也會嚇一跳。
深呼吸之後我會說：「輝誠，看到你這樣子對老師，我現在滿難過的，我想，你可能有一些很不舒服的情緒，但我現在真的還沒有辦法跟你談。但老師晚一點，希望有機會可以跟你再好好談一下。」

輝誠：
好的。我目前的感受，兩者差別不是太大。
剛剛明融說的那段話，我有想要回話的衝動，可是我還是很生氣；但進成這段話，假設我的憤怒是一百分的話，它有從一百分降到九十九分。但後來我如果看到進成摔東西，我的憤怒會變成一千分！

而且摔東西這動作可能會嚇到我，令我做出另外一個反應，我有可能會攻擊，因為進成摔東西這動作對我來說是一個威脅。

崇建：
坦白說，我以前在體制外學校教書，孩子的表達都非常直接，我好像有過類似的經驗。學校中的孩子給我一個封號：流氓老師。我跟他們的連結是非常可愛的，這個狀態我可以來試試。

輝誠：
那我們就直接來嘍。

崇建：
在這樣的情境背後，我有我的解釋，我會在解釋的背後做出應對。來吧。

輝誠：

老師。

（撕掉卡片，往崇建身上丟。）

崇建：

剛剛輝誠做撕卡片這個動作，我的冰山首先會感到錯愕、驚訝。**這時我會透過停頓來連結自己，不要把這個能量往外應對**。前面的狀態，對任何一位老師都是衝擊，對我而言也有，只是衝擊稍微小一點點。

不過輝誠剛剛是把撕掉的卡片往我身上丟，對我的衝擊更大了一些，我的內在，興起了一點點的波瀾。因此必得先停頓，跟自己連結一下。

我會對輝誠說的第一句話是：「輝誠，你還在生氣啊，是嗎？」接著說：「老師昨天因為感覺到，可能跟你在應對的時候有一些狀態，老師傷害你了，所以我寫了卡片跟你道歉，你還生老師的氣啊？」

然後我會蹲下來把這些紙片全部撿起來，撿完以後會跟輝誠說：「輝誠啊，如果你還生氣，老師再跟你說一次，老師沒做好，我只是想跟你表達道歉，你如果不接受，我也可以接受，好嗎？你回去吧。」

輝誠：剛剛崇建說的那些話，我會有一點點溫暖進來，然後會覺得我好像做錯了什麼事。

崇建：各位試想，孩子的表達是什麼？是憤怒。孩子把憤怒呈現在老師面前。只是孩子的憤怒，用了不當的方式表達。

孩子的憤怒如何被理解？孩子的憤怒表達需要被教導，怎麼被理解、怎麼被教導、先後次序如何應對？都是一個值得討論的狀態。所以我對這個狀態有一個解釋，我昨天寫一張卡片給他，可能為我的某種行為道歉，這個孩子不想接受也不想相信。

他內心覺得：你們老師都一樣，給我這樣的傷害，然後做這種動作，寫個卡片然後就想給我「呼呼咧」（摸摸頭之意，以為這樣就沒事了）。

我的設想是這樣子。我在那個情境裡面，去思考一個憤怒的孩子。那麼剛剛看到輝誠的狀態之後，我做的第一個動作是停頓。整理了以後，第二個動作就點出他的情緒。因為這個狀態就是生氣，我解讀為生氣，第一句話就問他：「輝誠，你還在生氣啊，是嗎？」

所以輝誠可以回想一下，當我說這句話的時候，你的內在有感覺嗎？接下來我的第二句話做了解釋：我之所以寫這個卡片（客觀的事實），是因為老師做錯了，想跟你道歉（我的意圖）。然後停在這個地方，我彎腰去撿撕碎的卡片。這個彎腰撿東西的動作，某種程度也是停頓。

把碎紙都撿起來以後，我自己拿著，接著對輝誠表達：如果你還是在生氣，那老師是真心想跟你道歉，老師沒做好，是想關心你。語畢，拍拍他。

輝誠：

這就是崇建經常說的，一個渴望被愛的人，當有人愛他的時候，他卻又害怕靠近，所以反應出來的不是接受、接納，而是去反抗那個愛。

崇建：

我在想，這位香港的老師，他是被羞辱了才憤而離去。我此刻的解讀，有點像福爾摩斯辦案。但我是合理的去解釋，一個情境裡面的狀態。因為一般來講老師不太會轉身就走，都是錯愕比較多。

至於進成說他會有一個生氣上來，這也滿有意思的。生氣會先上來，掩蓋了他的驚訝跟害怕，而我則是驚訝與害怕，可能會先升上來一點點，生氣是後面才會想到的。

輝誠：

這就是這件事情，之所以記在我腦海裡這麼深的原因。因為我覺得這是一個充滿愛、想要關心學生的老師，他做了一件事情，結果卻兩敗俱傷，就因為這個學生的應對不成熟。

可是，也從來沒有人給這個孩子，一個良好的示範吧。這個做老師的，或許能量不夠，或是他沒想到會有這種局面——我對孩子好，孩子應該就要對我好，或應該要變得很乖巧。孩子缺少愛，我給你了，你應該要充滿感激，但反而是變成相互傷害的結果。

崇建：

那麼接下來的脈絡會走到哪裡呢？我會在今天的某一個時間點，跑去跟輝誠談話，我一定會去找他，但估計他一開始不會理我。

我會問他：「輝誠，老師剛剛說自己做錯了，所以老師做了一個跟小孩道歉的動作，你接受也好不接受也好，老師都關心你，但我要問你的是，你要用這種狀態來抗拒我，不跟我講話，你要一直這樣下去嗎？我並不想，輝誠，你要跟我說嗎？你罵我也可以，你不相信我也可以，可是我希望你跟我說。」我會把話停在這裡，停頓等待輝誠。

在那個狀態裡，他估計會很憤怒的，一邊飆罵一邊委屈的落淚。

很多的老師跟大人，會快速的做解釋，**所以我們的表達變成了解釋**。我建議各位，**表達**

是表達你內在的渴望，所有的解釋，都會變成一種理智上的應對。我說了那一段話，然後我開始等，是在想：你有可能，有一點點跟我連結的可能嗎？

輝誠：

我現在好想哭喔。

崇建：

如果輝誠還是不跟我連結，我就做表達，我會等很久、停頓非常久。如果輝誠開啟了一點點的連結之後，通常他的路徑會是這樣，開始說：你們大人都這樣啦！你昨天就是怎樣怎樣……

接下來我會問他的憤怒：「所以你是生老師的氣？」孩子：「都是你們大人啦！……」事件的發生有它的成因，成因形成了他的應對，這來自於他原生家庭裡面所有的經驗。

所以當他說：「你們大人都這樣啦！」

我可能會逮住這句話問他：「我們大人都這樣？」

孩子：「對。」
我：「你是說老師這樣做事，你的解讀是？」
孩子：「你們都這樣子……」
我：「以前還有人這樣對你嗎？」

孩子可能會開始說出，曾經背叛他的親人、朋友，欺騙他的大人，種種委屈的狀態，他會陷入一個委屈的狀態。如果不是做治療，而是做為師生之間的一個聯繫，我會問他：「所以你會用這樣的狀態來解讀我嗎？是嗎？所以你還生我的氣，你不要原諒我，是不是？告訴我，這樣你得到什麼好處？你願意跟老師說這些，我很感謝，因為我想你曾經受的那種委屈，不是很多人理解，可是我要問的是，當你抱著這樣的想法，做出今天這種對我做的事時，你得到什麼？有比較好嗎？你喜歡嗎？會不會被人不理解？或者被人誤解？」

接著我會告訴孩子：「我想別的老師，不一定會像我這樣子來談。輝誠，你告訴老師，老師剛剛這樣說，你還在生氣嗎？你可以生我的氣。」通常孩子十之八九會說：「我不生氣了。」我：「你不生氣啦，那你還有在生誰的氣嗎？」他通常最多會說：「就是我生自己的氣。」

冰山的脈絡引導到這裡，我接著會問他：「那你生自己什麼氣？老師都沒生你的氣了，不是嗎？你有看到，當你去跟老師表達的時候，老師雖然不覺得你是對的，可是我沒有生氣。」

最後我會在這裡做一個結束：「輝誠，謝謝你跟我說，你不生氣的事，我可以停在這裡嗎。那這個卡片老師留著，我改天如果覺得OK，我再寫一張給你，好嗎？因為我是真心的，我不想你在痛苦裡面這麼久。」

輝誠：

我說說此刻我內心的感覺。

其實崇建說到後面時，我內心波濤洶湧，水位似乎要滿出來了。而崇建的一字一句，就好像在我內心打了一個又一個洞，讓水慢慢的流出來。

是一種情緒之水也好，是一種渴望被了解之水也好，或是一種過去所有的委屈憤怒不滿之水……水愈漲高、波動愈來愈大，現在終於有洞可以渲洩出來。

崇建：

一般來說，老師會告訴孩子：

老師不是這樣啊，別人都是為你好，難道你不知道嗎？當一個人來跟你道歉的時候，你怎麼還用這種方法對他？你覺得你這樣對嗎？

這些是很常見的應對。

輝誠：

所以老師的角色，很容易變成一個受害者、委屈者、說教者……

崇建：

剛剛的案例是，孩子受傷了，老師也受了傷。兩個受害者在現場，若其中一人能夠很快速的復原、停下來，就能夠去連結照顧另外一個人。所以我們在薩提爾的框架裡，不要當受害者——**我已經長大，我可以為自己做些什麼，我可以站起來，重新去連結另外一個生命**。

這好難。

不過這地方有一個最大的誤區。當我受傷時，連關心自己都來不及，還要去關心他人，

輝誠：

也就是說，要如何連結到自己的渴望，修復自己、安頓好自己，有了能量之後，才有辦法去修復與安頓對方，我覺得這裡是薩提爾中最困難的地方之一。這也是為何我們花了這麼多時間在談，透過一致性的表達，可以連結到深層的渴望。

崇建：

我可以再多舉例子。有個案例是在大陸。孩子原本是資優生，卻因為功課下滑了，成為大人口中的「劣等生」，承受不住打擊之下，關在房間裡半年，拒絕開門。

爸媽叫孩子出來吃飯，不出來；進房間找孩子，孩子就把爸媽轟出來。

這對夫妻問我怎麼辦，我只教他們一件事：懂得表達。在一致性的狀態裡，你的內在沒有去調和自己，只是想滿足自己的期待，孩子一定會抗拒。先把自己的內在狀態調整好，就是過去我曾說的「以體驗性與自己連結」，才能夠做出連結渴望的一致性表達。

我教這對夫妻去想一個問題：表達的時候，怎麼讓這個孩子感覺到爸媽是關心他、愛他的，感覺到爸媽是接納他的？只要掌握好這個主題，就能做到「靠近一致性的表達」。也就是當我們沒辦法，以好奇的對話跟孩子連結時，那麼我們就透過這種方式表達。

但嘗試表達的第一天，這對夫妻被孩子轟出來，他們來我的工作坊現場重新再學。我幫他們調整姿態以及表達的方法。第二天再被轟出來，第三天還是被孩子轟出來，這對夫妻不氣餒，繼續來找我調整，到了第七天，媽媽告訴我：「孩子出來了，出來讓媽媽幫他剪指甲。」

媽媽問我要怎麼樣讓孩子願意洗澡，我說：「放下你的期待，先給他愛。」後來孩子真的出房門願意洗澡，而在這對夫妻搬到另一個環境後，孩子也願意去上學了。

再做個整理。除了「好奇的對話」，一致性表達也是通往對方內在的方式，孩子能不能感覺到一份關愛，這就是渴望。而孩子能不能感覺到自己被你接納，能不能感覺到被你看見，這裡面有個前提是：你先連結到了自己的渴望。

輝誠：

我的好奇是，崇建是怎麼幫這對夫妻調整表達？其他老師應該也很好奇吧。

崇建：

我會先叫他們做一次給我看，通常我沒有一個固定的框架，會告訴他們：只要懂得照顧好自己，之後他們的表達，比較能讓孩子感覺到是被愛的。比方說，孩子叫父母：「滾！」我要媽媽這麼說：「媽媽知道你還對媽媽不開心，還生氣，但你不可以用這種方式對媽媽說話，媽媽很愛你。」

到這裡，我想為各位說明，從談一致性開始，就不斷提及的「渴望」。**你要連結自己的**

渴望，才能夠連結到孩子的渴望。

我想問各位：你是否是一個有價值的人？回到你的內在，真心的問自己這個問題。

此外，你的人生是否有意義？
你的內在狀態是否是自由的？
你是值得被愛的嗎？
你是否是有價值的？
你能擁有安全感嗎？
當你做錯事了，你接納你自己嗎？

你可以問自己這幾個問題，這是冰山渴望層次，它是精神性的層次。

輝誠：
能不能請崇建再解說何謂「渴望」層次？我相信許多人跟我一樣，對於連結自己的渴望感到難以著手。

崇建：

我先談談渴望是什麼？**渴望是人存有狀態裡面的必備品，他就是陽光、水與空氣**。所以過去我曾說，每個人都是被愛過的，如果沒有被愛，人是無法長大、存活下來的。

一個人如果沒有價值，如果沒有自由，也無法存活下來。舉例來說，就算被關在牢裡，你的內在還能想東想西，這就是價值、意義與自由，是被你感受到的體驗。因此**連結渴望就能跨越行為**，也就是渴望的連結之所以這麼重要的原因。

比方說，抽菸的人為什麼想戒菸？因為愛進來了，所以下定決心把菸戒了——談了戀愛，結婚了，孩子誕生了。過去在認知上知道，抽菸有多不好，一旦得到癌症，感受到身體的價值，便把菸戒了。**體驗到愛與價值**，展開了戒菸的行為。

因此，在沒有體驗性的情況下，也就是對自己的存有狀態不體驗，就會活在一個蒙蔽的狀態裡面。所以**渴望的連結就像是用一塊布，把內在的系統擦乾淨，讓自己去體驗一個清新的自我**。

我請各位回想一下，從小到大有沒有哪一個人，說了哪一句話，做了什麼動作，讓你感覺到自己是有價值的，是被愛的。關於愛與價值，我一直有著深刻體驗，跟各位說一段我的歷程。

我十歲時，媽媽就離開我了。我很希望媽媽能夠回家，全家一起過著溫暖的生活。雖然我知道媽媽不會回來了，但我的內在從來沒有放棄這樣的期待。連長大後當兵，我也寫信給媽媽，告訴她我希望她能夠回家，因為我希望我有一個完美的家。但是我的媽媽，從來都不想回應我，她用「打岔」的方式應對我。

我的心裡面有很多的無奈、悔恨、受傷，悔恨是來自於媽媽還在家的時候，我為什麼沒有當一個好孩子。我的底層會有一個聲音告訴我：應該是我做不好，如果我能夠做得更好，媽媽就不會離開我。

還記得，小時候媽媽帶了一群人，我認為是狐群狗黨的朋友，在家裡抽菸喝酒，我對媽媽說：「你帶一群壞朋友回家。」媽媽聽到我這麼說，賞了我一個耳光。這個內在的傷，從小一直存在著。

從小我覺得自己是個沒有價值的人，所以我頑皮、叛逆、又愛為人出頭，可是卻又很膽小。我一直很想體驗到我的價值，但是沒辦法。這樣的我，從小就讓爸爸操心，那麼到何時我開始改變呢？

我二十二歲退伍回來就去工作，做了兩個月，我決定要再去考大學，在家裡讀書準備考試，可是擔心自己坐不住，我想到了一個能專心讀書的方法。每天一大早起床就掃地，掃完地就煮好早飯、倒好垃圾，再叫爸爸下樓來吃飯。吃過早飯以後，爸爸去學校教書，他中午回家吃午飯之前，我已經把午飯煮好了，不只煮飯，碗盤也都是我洗乾淨。下午專心讀書直到晚上，等爸爸下班回家煮晚飯。當兵之前，我總覺得自己什麼也做不好，也沒有耐性去做。透過我退伍之後，身心在一個穩定狀態，因為體驗自由得來不易，我能做出好的選擇，為自己更多的負責，而這段準備考試時光，每天打掃煮飯，我與爸爸重新連結。

有一天，叔叔來家裡，我在二樓的房間裡讀書。我打開房門時，聽到爸爸跟我叔叔說一句話：「我們家的阿建，變了。」

我聽到這句話，全身充滿電流，到今天我都記得那個狀態，我整個人在當下震顫不已，淚水止不住的不斷流下。我聽到爸爸說：「我們家阿建長大啦，他在家掃地煮飯，認真讀書。」還聽到我的叔叔說：「我看只是三分鐘熱度，他如果考得上大學，我頭給他砍下來當椅子坐。」

叔叔認識的我，是過去我的狀態，過去的我不想承認，卻也無法改變。當我生命狀態改變了，我有時也會懷疑，自己會幾分鐘熱度嗎？但是爸爸看見我了。我爸爸竟然回他：「不會，阿建真的變了。」

那種內在的價值感，還有被愛的感覺，在那一刻充滿我全身。這是我在轉變的過程中，一個非常重要的印記。那麼我用我這段轉變的歷程來談「渴望的連結」。愛的感覺、價值感、意義感，它其實是我們的生命環境，從被照顧的處境中得來的，它是人類資源裡最重要的珍寶。它來自於我們的生命經驗。

可是大部分的人只擁有一點點這樣的經驗，而且被埋藏在沙土裡，一直被掩蓋起來，使得我們的冰山表層有了很多的狀態——許多人的應對都是指責、討好、說理。

若能透過啟動體驗，用簡單的兩、三句話，去連結他人的渴望，便能開啟愛與價值感，這種人類共通的感覺。比方說兩個敵對的人，他們的渴望一旦連結，兩個人就會彼此擁抱、相親相愛。因此我才會請各位回想自己的成長歷程中，誰給你愛，誰給你價值感，誰給你安全感，自己曾被誰接納過。

最後我再一次為各位整理渴望層次裡的路徑：

先觸及與連結自己↓以表達連結渴望的自己↓以表達連結對方的渴望↓以對話探索↓敲打對方的渴望。

以上路徑可以形成一個循環。

輝誠：

我想各位都曉得，在我生命歷程中，曾被謝富美老師接納，由於富美老師的接納，我得到價值感，並使得我生命的歷程得以轉變。我們的生命中，也許都有這麼一個，帶給自己價值感的人，只是可能被自己遺忘了。試著去連結自己，那埋藏在沙塵中的珍寶，便能被重新尋獲吧。

崇建：

輝誠在憶及恩師時，感性了起來吶。這就是與自己連結、與自己冰山的渴望層次連結，所得到的感動。今天我將一致性的表達、以及連結渴望，由上至下談了一遍，老師們還有想問的問題嗎？

進成：

崇建，上一回你談到一致性的狀態，就是內在能得到一種能量、一種和諧、一種靈性的感覺。對我來說，這有點難以體會，不曉得是否能用更具體的例子，來舉例說明呢。

崇建：

這是個很好的問題，相信也是許多人的好奇。讓我明天做個比較完整的解答吧。明天我們再見面時，將一致性以及渴望層次再歸納一遍。我能感受到，各位的好奇、覺察、以及連結自我的能力愈來愈好了。

終日

體驗能量的流動

我希望我們的老師，有更多的溫暖，更穩定的力量，更好的教學技術。
我們做這些事情，是為了我們自己，讓我們自己變得更好，變得更有能量。
我們有能量之後，又可以把這個能量，放在學生的身上，
讓他們在我們的能量基礎上，又變得更有能量。

相聚的最後一天正好是冬至，崇建老師為大家準備了湯圓，大家一起開心享用了，接著展開最後一天的對話。

輝誠：

過了冬至這一天，大家就又長了一歲。我看崇建今天還為大家準備冬至湯圓，真是感謝啊。

崇建：

我想和大家一起慶祝變老，不，是希望各位吃了湯圓後，今年能得到圓滿豐碩的收穫，接著迎接更好的明年。而這圓滿的感受，與一致性的狀態似乎也能相呼應呢。

既然各位已將熱呼呼的湯圓吃下肚，就讓我來回應，昨天進成所提出的問題。之前說過，一致性的狀態走到最後，就是內在能夠得到和諧感，也就是冰山最底層的自我，連結到靈性的體驗。

而所謂靈性，就是成長、生命，是精神的展示。但並不是你用大腦說「我就是很和諧」，你就能擁有和諧的狀態。那麼要如何獲得和諧感？薩提爾在做治療時，常提供的路徑是：回頭看你的原生家庭，去重新體驗你兒時的自我狀態。也許是委屈的、難過的、害怕的、受傷的、生氣的……接著我們重新以此刻的資源與狀態，去愛當時的自己，你就能夠漸漸在這個狀態當中，看見一個長大的自己，整合成一個完整的人。

後來我再自行結合正念、結合腦神經科學的創傷治療，在這些理論裡，我歸納出了另一條路徑，就是：**當我有了感受，我要常常練習，如何覺察我的感受，然後回應我的感受**。

覺察與回應，這個狀態就是你對自己的愛，你不會放任你的內在感受自顧自的躁動而不管。然而當我問：「現在你有什麼感受？」大部分的人是回我：「我現在就很平靜啊，沒有什麼感受。」這都是頭腦裡面的聲音，不是身體裡的聲音。

所以我在舉辦工作坊時，會調動在場的人連結情緒，你會發現，原來好多人都有許多的感受，在沒有覺知、沒有照顧這些感受的情況下，形成了身體各個部位的痛苦。

我的老師貝曼在二〇一九年五月曾經說：「人在當下裡面應該得到一種狀態，叫做沒有理由的幸福。」**一致性的狀態到最後，我認為就是獲得一種沒有理由的幸福**。用談戀愛來比喻，我們在擁抱愛侶時，會有一種感覺：這個世界發生了什麼都不重要，因為此刻我正愛著你，此刻我與你在一起。這是一種愛的連結，不需要任何的理由我就能夠愛你，因為我就是愛你。

是一種沒有理由的幸福。

那麼如何讓自己的內在，得到這種沒有理由的幸福？就是與你的感受訊息做連結，這是覺察自己的其中一種路徑。許多人會說：好難，我怎麼可能辦得到？但只要去嘗試，慢慢的連結就會進來了，進入感官的層級就是愛的開始，這就是為什麼要在感受裡停頓。

當愛的連結進來之後，你會慢慢的感覺到，到了後端得到一種狀態，這個狀態就是你是自由的，你的內在狀態會得到一種溫暖的、喜悅的能量。開始只有一點點，後來愈來愈多。你愈來愈能調度這種狀態為你所用，你能感覺到有一種生生不息的能量。

這就是冰山底層的生命力，一種靈性力量。這種你在照顧自己、愛自己的感覺，就會得到沒有理由的幸福，不是嗎？而如果你擁有這樣狀態，就能夠把這樣的狀態帶給他人。**自己能量高的時候，能夠有更多的連結，自己能量低的時候，接納目前這個狀態。**

進成：
那麼當我覺察到我的能量高時，能帶來什麼狀態？

崇建：
就是我過去曾對各位說的，覺察能帶來洞察力與創造力。**洞察力隨著能量變高，創造力也變得清晰，思慮變得非常清楚，那麼做任何事情，你都會覺得幹勁十足，游刃有餘。**

此外你的身體，按照我的經驗，不會常常胸悶，不會常常喉嚨痛、覺得喉嚨卡住。不會常常頭暈腦脹，不會常常肩頸痠痛，不會常常覺得身體不舒服，內在的感覺會是比較輕鬆的，不會有太多複雜情緒，就算有情緒來，也完全可以接納，也能夠回應它。

關於「一致性的表達」，我再用學弟舉例，他是中文的博士。我邀請他到我的寫作班觀課，希望他來當作文老師。他剛來的時候常肩頸痠痛，穿著護膝與護腰，失眠六年半，還有胃食道逆流，這時候他年僅三十七歲。人為什麼會失眠？因為一直思考，沒辦法停止下來。

你的頭腦裡面住著一個他者，不斷在你的腦子裡面喋喋不休。你被你的頭腦給控制，因此你不自由，你的身體裡面住著一個人，而這是讓你睡不著的主謀。學弟到寫作班來，他觀察到我跟孩子的互動。他覺得好特別，不管孩子亂講什麼，我都能夠接招，導到一個有意義的脈絡，交織成正向的狀態。

我班上的孩子，有的是妥瑞症，有的是多動症，也有的是亞斯柏格症，來觀課的人都覺得這些孩子沒有異樣，學弟也說他看不出來。學弟在來了一陣子之後，我邀他參加工作坊，他開始沒有感覺，直到漸漸有感覺，開始學習自我連結。與此同時，我推薦他看艾克哈特．托勒（Ulrich Leonard Tolle）的書，他說自己看超過一百遍。

開啟自我連結之後，第一個離開學弟的是失眠，長達六年半的失眠，不藥而癒。學弟以前跟我碰面，我們常聊一些狀態，學弟常說：「崇建學長，只有你聽得懂我說的。」他經常打電話給我，經常來與我連結，他說：「學長，我找你準沒好事。」為什麼呢？他打電話給我時，表示他狀態往下掉了。

在一次又一次對話，以及他懂得照顧自己後，學弟的狀態愈來愈好。後來學弟爸爸得了帕金森氏症，他把爸爸送到了療養院。這對他來說，又是生命中的一道難題。

學弟來問我：「學長，我要怎麼跟爸爸連結呢？爸爸聽不懂我說的話啊。」

我問學弟的第一個問題是：「**你想跟他連結嗎？**」

學弟：「我當然想啊，我每個禮拜去看他。」

我再問：「你每個禮拜去看他，你喜歡嗎？」

學弟：「我喜歡。」

我：「喜歡，那你有告訴他嗎？」

學弟：「他聽不懂。」

我：「你說了嗎？」

學弟：「他聽不懂啊！」

我：「我只關心你說了嗎？」

學弟：「沒有。」

我：「你願意表達給他聽嗎？」

學弟：「學長，他聽不懂啊！」

我：「我只問你願不願意？」

學弟：「學長，他聽不懂有什麼用？」

我：「你不是要跟爸爸，有更好的連結嗎？我只問你要不要？如果要的話，我來告訴你，你要嗎？」

學弟：「好。」

我：「到了療養院先深呼吸整理自己，再握住爸爸的手。我跟爸爸說話，都是握住他的手。」

學弟：「他會把我的手甩開。」

我：「沒關係，我只問你可以做到嗎？」

學弟：「他會把我甩開。」

我：「這樣做就行了。」

我邀請他設定一個目標，要他做這件事，而不是「動彈不得」，很多人陷入「動彈不得」，若是能動了，那麼做不到也沒關係。我再跟學弟分享，要對爸爸說這句話：「爸，我是誰。」喊爸爸就是稱呼對方。

家庭裡之所以不流動，薩提爾女士說是因為：一、沒有呼喚名字，二、沒有提問。我要學弟跟爸爸做簡單的表達，如果他去看爸爸，是感到歡喜的狀態：

> 爸，我是XX，我來看你了（客觀事實），你有歡喜嗎（好奇）？爸，我真歡喜（表達自己）。

這就是一個簡單的表達：**客觀事實↓主觀的內在連結↓連結到渴望**。

學弟問：「如果爸爸聽不懂呢？」

我說：「那你還是照做。」

後來學弟跟我分享：「學長我跟你講，好神奇喔，我第一次去的時候，爸爸聽不懂，但我還是講完了。第二次、第三次、第四次……到了不知道第幾次，我才進到療養院，爸爸看到我，就跟我揮手了。」學弟跟我說，他覺得爸爸不一樣了。有次他跟爸爸說話，說到一半，爸爸突然想到了某件事，對他說：「XX啊，你來看我……你來看我，我真歡喜，你有歡喜嗎？」學弟愣了一下說：「有。」

他聽到爸爸這麼說，眼淚幾乎當場落下。對任何人都可以表達，就算是對植物人，甚至對死人都可以表達。一旦發現自己懂得表達，你的身心狀況，以及與他人的連結，都會變得更好。

說到這裡我要感謝輝誠，由於他對於在好奇之後，要如何表達很關心，這提醒了我去關注好奇之後的對話。

輝誠：

對我來說，我認為困難的點是，當我可以跟自我渴望連結時，我怎麼把我的覺察歷程，運用在幫助孩子或大人去覺察他自己的渴望。

《窮爸爸富爸爸》書中提到一個領導者的觀念，我覺得很有趣。作者認為**一個真正的領**

導者，他是站在硬幣的邊緣，有能力看到硬幣的兩面。但多數人經常會陷入其中一面，進而鑽牛角尖，就如崇建所說，陷入二元對立的狀態，這就是我所謂困難的地方。

我覺得崇建常運用的框架，除了能解決問題，還能讓老師在負能量、或是覺得沮喪的情境中，去看到自己的能量，並且用一致的表達去調動孩子的資源，比方說，「你怎麼會這麼認真」、「你怎麼會這麼不放棄」、「你怎麼會這麼勇敢」、「你怎麼會這麼坦率」、「你怎麼會這麼負責」……連結到孩子的渴望，把孩子導向正能量中。

一旦正能量像泉水源源不絕湧出時，老師就能像站在硬幣邊緣的領導者一般，看到全局。如同崇建曾說過的，見樹又見林，把自己拉高，看得更寬廣。

我曾經跟崇建說，我從前吃過非常多苦頭，就是跟我以前的應對姿態有關。我以前是一個壓抑的、委屈的人，一旦我能掌控話語權時，我的語言就很容易變成是攻擊的、批判的、抱怨的、冷嘲熱諷的。這樣的語言其實帶出很多負能量。

當我看崇建在談薩提爾，我覺得他真正的核心，是撥開你內在的迷霧，用一致性的表達進入你的內在，再敲動你的能量，讓你凍結的冰山漸漸溫熱起來。而那個撥開的過程，其實難度很高，所以我想請崇建多說一些幫助他人的案例。

崇建：

輝誠談到以幾個一致性的表達，去啟動他人的內在，進入他人的渴望，其實這牽涉到專業，這幾個步驟本身，是治療師或心理師在做的。比方說，一個孩子拒絕大人，要怎麼打開他的渴望，讓他去連結渴望然後為自己負責，有一個新行動，治療師與心理師都不一定能有把握。

假如要走進這個心理專業的步驟，那是更深層的脈絡，我認為不宜走到這麼深的地方，老師與父母不一定能操作得恰當。所以我的建議是：**老師以及父母用簡單的內在的連結，來應對孩子就行，能做到渴望的表達就夠了**。不需要談到更深、更複雜的專業層面。

我認為**父母去學習，給孩子一個健康美好的**、**安全的家庭，就是最棒的狀態**。夫妻之間關係和諧，父母能夠給孩子愛，孩子就會感覺到被愛，家庭有這種連結，便不需要用一致性的表達進入渴望。

比如說我的姪子常常會告訴我：「阿伯我好愛你喔。」他好喜歡我們兩個在一起，也知道我很愛他，這是一個自然發展的連結，不需要我進入他的內在，去看他的渴望。

如果家庭裡面的父母，需要去調動孩子的內在渴望，想辦法去連結他們的生命力，那可能夫妻關係與親子關係上面出現狀況了。

進成：

我想跟各位分享我的故事。大約七年多前，我遇到從事教職以來最低潮的狀態，就像掉入一個深淵裡。我覺得，我必須要尋求方法，我要改變自己。當時我搜尋與參加很多工作坊、輔導諮商，但總覺得幫助有限。

直到在靜宜大學聽了崇建的演講，我才知道原來有這種日常的對話，就連我這個只是在台下聆聽的人，都可以深刻的感受到一種被接納感，而這種接納感就是我想要的。那時我非常的激動，覺得未來我一定要學會這種方式，來幫助我自己，以及幫助我與學生的互動。

我學習了崇建的對話方式，也用了一些學思達的教學策略，開始有機會去推廣這種對話。而愈是了解，我愈是認為這種模式，並不需要走向艱難，像心理師一般抽絲剝繭、撥開迷霧，對我來說，只要能夠擺脫過往的慣性就好。

不要動不動開口說「我很關心這個學生」，卻是傳統的、慣性的關心方式：指責、說理，或是變成在討好學生。我常常覺得自己都快人格扭曲，不曉得該怎麼做才好。現在的我會先問自己，在什麼情況底下，我的內在能比較寬廣、或是能比較放鬆去看眼前的事情。

我也試著跟自己對話，對話之後我常常會被我自己觸動——遇到這麼大的痛苦，我怎麼還願意去嘗試？這種與渴望層次的連結，我看見了自己的努力與不放棄，我給自己大大的欣賞。

現在我在帶工作坊時，也會讓老師們去做這方面的練習，比方說：你欣賞自己的是什麼？此外還有透過書寫，用不同的眼光來轉化歷程。就是請老師先把自己的故事陳述出來，接著再透過書寫，把自己轉換成一個角色（他者），運用文字開始跟自己過去的生命故事做一些對話。

這就像是把自己拉高到一個全知者的角色，去看待自己的歷程，在低谷情況下的那個他，是怎麼走過來的？你看見他擁有什麼樣的資源？很多夥伴跟我回饋，用這種對話方式，讓他們感覺被觸動了。

崇建：

就剛剛進成的分享我想先說明一點：**我不主張跟自己對話，而是主張跟自己的情緒當下做連結，因為不熟悉跟自我連結，一進入自我對話範疇，常常會在頭腦上工作，而不是在生命本身工作**。

進成所說的，把自己拉高到一個全知者的角色，用愛與包容的眼光來看自己，這樣的對話我是非常同意的。它是一個簡便的操作，例如，你在此刻的狀態裡，去看到童年的自己，遇到哪些狀況，看到自己的缺憾，把自己給愛回來，這是可以的。

因此，在這個世界上，沒有一個標準的脈絡能說，一定能讓自己變得更好。只有一個方向，比方說我們知道在渴望的連結上，能夠啟動人的內在價值，有被愛、被接納的感覺，往這個方向走去，方法不是只有一種，用進成這種好像一個高我，在跟自己對話的狀態，能夠讓自己得到安頓，也不妨一試。

那麼為什麼我說：不要跟自己對話？

這是因為很多人學了冰山模式，去寫自己的冰山感受與期待，寫著寫著就進入了思考的層級，彷彿以為自己對了。而進成用一個高我看自己的狀態，它是已經在情緒上停頓、接納的狀態，是允許一個人難過的，而那個人就是自己。它並且在渴望的層次，從高我的眼光來看自己：我很欣賞你，你已經做了這麼多，你怎麼還願意努力呢？

這種語言的帶領，能夠讓自己感覺，全身被愛與價值感灌注，那麼這個就是有幫助的、是好的體驗。我希望所有的父母跟老師，不需要把連結渴望這個層次看得那麼深、那麼難。只要能夠有體驗愛的感受，體驗到有價值的感受，這就足夠了。

比方說在你感覺到很匱乏、很痛苦的時候，去想一想你曾經歷過的愛的感覺，調動到你此刻的狀態，你就能夠稍微平復自己的內在了。進成做了很棒的分享，那麼明融是否也願意跟大家分享？

明融：

聽了進成帶領工作坊的方式，我的經驗是，我覺得老師們普遍都對自己非常的嚴苛，所以我在帶工作坊時，會設計一些活動，讓老師去觀想、去感受、去回溯自己沒有理由的幸福時刻，當那個能量進來的時候，再把這個能量帶到當下。

很多老師會發現，原來自己曾經接受過這樣子的愛，只是暫時忘記了，而當自己回想起來時，就覺得自己是有能量的，有再去愛學生的能力。此外，我會帶老師去遇見未來的自己，然後從自己未來的眼光來看現在的自己，去欣賞與感謝現在的自己。

即使目前還不能前進，仍能帶給自己一個很大的鼓舞與能量，相信未來可以走向一個美好的時刻。

崇建：

在二十一世紀這個資訊爆炸的時代，我們能看到坊間，有好多教自己應對負能量、跟自己做愛的連結、如何照顧自己與照顧他人的書籍或教學影片。

比方說心靈大師艾克哈特．托勒、心理師彼得．列文（Peter A. Levine）、彼得．沃克，都有出版關於照顧童年創傷的書。

資源太多了，而且每一個都非常的好用，所以我鼓勵大家組成一個學習團體，並不是完全以薩提爾做為方向，而是以薩提爾為家，延伸出去學習。因為後來的很多的學派，是從薩提爾延伸而來，或者和薩提爾理念相同，若以薩提爾為主要脈絡，可以帶入各種不同的方向，只要不違背薩提爾的概念就好，這個概念就是以人為本，以探索關懷人為主，而不是以分析為目標，並且看重系統影響的方式。

像剛剛明融分享帶領工作坊的方法，有點像敘事裡遇見未來的自己。而進成有點兒像完形，我在這過程當中做為一個高我，對自己說話。這些狀態都是有幫助的。

薩提爾也是一個將各學派融入進來，集合在薩提爾女士的身上，所展現出來的一個方式，被後人歸納為「薩提爾模式」。所謂違背薩提爾的概念，最有名的是與NLP的核心方向。NLP運用了三個學派，其中一部分是薩提爾模式，影響力比薩提爾模式大，但是我的老師曾告訴我們，NLP的基礎概念，或者核心目標跟薩提爾不同。

薩提爾模式從來不去分析，薩提爾是透過好奇探索與提問，目標是進入到渴望的層次，觸及到人們的價值感與意義感，那麼人們就能擁有生命的連結。因為基礎的差異性，若是同時學習而未分辨，會有本質上的混淆，這個意思不是批判NLP，而是指出學派的基礎差異。

輝誠：

崇建鼓勵大家組成一個學習團體，我覺得是個很棒的想法。

例如我們這段時間的聚會，一起討論、一起示範，我總能感受到美好的能量在我們之間流動著，身處渴望的層次中。我多麼希望這樣的形式能一直存在。

我與崇建私下也會進行所謂「真相的午餐」或「真相的晚餐」，一邊用餐，一邊也會點出各自的盲點，例如前面崇建說到，我在表達對學思達老師的期待時，內外是不一致的，我也會跟崇建點出，我發現崇建對於親人會有較多的期待。

崇建：

輝誠點出了我們討論一致性表達與渴望連結的核心：**唯有渴望的層次能夠感受到堅實的內在流動感**。它絕對不是一個媽媽在觀點上去跟孩子說：「媽媽很愛你。」實際的愛，是孩子能體驗內在的流動，去感覺媽媽的狀態。

我再跟各位分享一個案例好嗎？我去美國做工作坊，與一對兄弟晤談。這對兄弟不對彼此說話，就連哥哥要結婚了，弟弟都不願意去祝福哥哥。我先讓哥哥來跟我對話。

哥哥說：「我對弟弟很生氣，我才不要跟他連結。」

我從歷程開始問：「你們從什麼時候開始，彼此不說話呢？以前你是怎麼對弟弟的，弟弟是怎麼對你的？」

哥哥說：「都是我讓著他。」

我說：「都是你讓著他，那你怎麼願意讓著他呢？」

哥哥說：「因為我是哥哥。」

我說：「你很愛他？」

哥哥說：「對，我很愛他。」

我問哥哥：「那你怎麼還願意愛他呢？」

哥哥愣住了。

我再問：「那你是怎麼看自己的呢？」

哥哥說：「我從來沒想過。」

我繼續問：「那你怎麼看這樣的哥哥呢？」

哥哥說：「我覺得這哥哥很糟糕。」

我說：「你怎麼會用這種眼光看呢？怎麼不是用一個接納的眼光？你比較愛弟弟，你比較不愛自己。」

哥哥再度愣住了，說：「我從來沒有想過我是這樣的。」

由於自己的內在系統卡住了，所以與他人的聯繫狀態也會卡住。因此先去處理他的內在系統，再處理應對系統，會比較簡單。

所以我問這個哥哥：「那你要跟弟弟連結嗎？」

哥哥說：「不要！」

我說：「怎麼不要呢？」

哥哥說：「我不想再跟他道歉了，也不想再去罵他了。」

我說：「如果不道歉，不責罵他，不說道理，不討好，那你要跟弟弟連結嗎？」

哥哥說：「那要怎麼連結？」

我說：「你要嗎？」

這就是我們為案主開一條路，為孩子開一條路，開一條有創造性的路。

哥哥說：「我要。」

所以我就有了去跟弟弟談話的機會，而其實我跟弟弟談完，弟弟也不想跟哥哥連結。但是兩兄弟的母親在上個禮拜寫信給我，提到：哥哥生日，弟弟破天荒送哥哥生日禮物。弟弟為了連結終於跨出一步。而我與這對兄弟只各自談了一次話而已。

如果還有機會，我還會再做更多次晤談，我很希望陪伴著這些人來成長，那是因為我後來發現，我每次跟別人談話的狀態當中，就會感覺身體裡面有最大的能量，遇到別人愈大的困難與困苦，我內在升起的神聖能量就愈大。

完全不需要靜坐，只要透過跟別人對話，我的內在就有無與倫比的能量不斷的升上來。不是吸星大法那種單方面吸取能量，而是我與對談者兩人的能量互相震動。**這種對談是多美好的一件事，是非常非常正向的，是與自己的內在有一個非常精神性的連結。**

輝誠：

我覺得這個案例，對很多老師是很關鍵的，剛剛崇建在描述跟兄弟的對話時，你在敲動他的資源當中，有好幾個問法。你一連串問了好幾個跟渴望有關的問題，幫助哥哥覺察。

比方你問他說：「那你是怎麼看自己的呢？」

崇建：

我是以事件來問哥哥對事件的觀點。我問他這個觀點對你有好處嗎？你喜歡嗎？對於這個觀點的期待，你只要熟悉了就會發現，每一個問話都會有七、八條路。當然第一個要聆聽哥哥的敘述：兄弟怎麼成為現在這樣子的？那第二個，從什麼時候就開始不講話？

原來有一個事件，在這個事件裡面你聽到了什麼、你怎麼解讀，這就是觀點。第三個會問，那麼過去呢？過去跟弟弟之間的關係。你們聽到，我在對話裡面，打開了一個哥哥自己說的：我愛弟弟。

我要讓他自己說出來，原來跟弟弟之間是有愛的。於是我說：那你怎麼還願意愛他？這怎麼了？

哥哥從來沒有想過這個問題，因此他從這個地方開始想，這就是放大這個狀態，讓他自己看見與弟弟之間的聯繫。那個「我還是愛弟弟」的感覺就會升上來。

原來，這位哥哥是氣弟弟不了解哥哥這麼愛他，覺得自己被弟弟誤解，於是用不跟弟弟說話來應對，但又覺得這樣的自己很糟糕，不接納自己，才形成了僵局。

輝誠：

這裡我回應崇建前面的回覆，我之所以問得深一點，希望崇建談得更深一點，不是希望老師變成治療師、心理師，而是我希望學思達的老師，慢慢要走到這麼深的地方。

關注自己的情緒，關注學生的情緒。清晰的表達自己的觀點，知道學生的觀點。可以表達自己的期待，也可以知道學生的期待。去連結自己的渴望，用自己的渴望，去連結他人的渴望。

用我的能量去幫助他人，而還能自己生出更多能量。用這些能量，一點一點的，在每一個學生的心靈裡，放進一顆種子。

崇建：

輝誠所說的就是我原始的構想，是不是能有一種對話以及連結彼此的方式，它是比較好的，讓彼此不容易卡住的？如果有，那麼我們為什麼不把它放進來，在這個脈絡裡面有更多的學習。

進成：我覺得，對於我們這幾次的對話，我最大的學習是：**情感的體驗，本身就是一個很美好的功課**。在以往我可能是比較忽略這一塊的，我發現，光是接觸到自己的情感、自己的情緒，就是對自己最美好的照顧。

明融：我們相聚的這幾天，我覺得很美妙的一件事就是，過去我的理解與學習變得更立體了。而這些內容對在教育現場的老師也很重要，因為我在好多工作坊裡，看到老師們都太想去愛那些孩子，但他們都問我：「怎麼辦，我做不到？」我也做了好多年老師，前面一些歷程也充滿了自責，可是這些歷程能讓我們有更多的學習。

在我們還沒有辦法整理好、梳理好自己的時候，至少我們不會去做出傷害孩子的事，至少我們與孩子的距離還是貼近。我收到好多老師的期待，我也感覺到他們對孩子的愛，這也是為什麼我會一直想要在工作坊陪伴老師。我常想，如果其他老師也能像我一樣坐在這裡，那麼我會感到更滿足。

崇建：

當一個老師說他沒辦法愛孩子，往往我問老師「可以嗎，你接受你自己沒有辦法愛孩子嗎？」的時候，老師會說「不可以，老師怎麼可以不愛孩子」。接著我會問老師：「你愛過孩子嗎？」老師：「沒有。」我：「你做了這麼多，你都不覺得那是愛嗎？那在推動你的是什麼？」

我通常會去打開一個人內在的生命力量，然後讓他看到全貌。我不會直接給他答案，而是在渴望的層次透過對話的互動，來幫助對方體驗沒有看到的生命的力量。

輝誠：

我也很清楚的知道，學思達的核心老師遇到什麼瓶頸，我現在做的，就是把冰塊敲掉，所以我需要崇建的幫忙（笑）。

我希望我們的老師，有更多的溫暖，更穩定的力量，更好的教學技術。我們做這些事情，是為了我們自己，讓我們自己變得更好，變得更有能量。我們有能量之後，又可以把這個能量，放在學生的身上，讓他們在我們的能量基礎上，又變得更有能量。

我覺得這就是一個良性的能量流動，而且這能量能夠傳遞得很遠、很廣。

崇建：

這幾天我也樂在其中，儘管費了不少口舌，也不覺得疲累，我想是因為各位所回饋給我的能量而帶來了動力。

每一次跟各位見面之前我都非常期待。我更期待這種對話模式能不斷延伸下去，激盪出更多美好的火花。就讓我們約定，他日再相見。

薩提爾縱深對話：李崇建與學思達夥伴的提問與實踐 / 學思達團隊作 . -- 第一版 . -- 臺北市：親子天下股份有限公司 , 2021.01
面；　公分 . -- (學習與教育 ; 218)
ISBN 978-957-503-824-3(平裝)

1. 自我實現 2. 成功法

177.2　　109022207

學習與教育 218

薩提爾縱深對話

李崇建與學思達夥伴的提問與實踐

作者／學思達團隊
授權／李崇建與學思達團隊
對談／李崇建、張輝誠、郭進成、李明融
整理撰寫／蔡曉玲
責任編輯／盧宜穗
封面設計／ Bianco Tsai
內頁設計與排版／連紫吟・曹任華
行銷企劃／蔡晨欣

天下雜誌群創辦人｜殷允芃
董事長兼執行長｜何琦瑜
媒體產品事業群
總經理｜游玉雪
總監｜李佩芬
版權主任｜何晨瑋、黃微真

出版者／親子天下股份有限公司
地址／台北市 104 建國北路一段 96 號 4 樓
電話／（02）2509-2800　傳真／（02）2509-2462
網址／ www.parenting.com.tw
讀者服務專線／（02）2662-0332　週一～週五：09:00~17:30
讀者服務傳真／（02）2662-6048
客服信箱／ bill@cw.com.tw
法律顧問／台英國際商務法律事務所・羅明通律師
製版印刷／中原造像股份有限公司
總經銷／大和圖書有限公司 電話：（02）8990-2588
出版日期／ 2021 年 1 月第一版第一次印行
　　　　　2022 年 6 月第一版第三次印行
定　價／ 380 元
書　號／ BKEE0218P
ISBN ／ 978-957-503-824-3（平裝）

訂購服務：
親子天下 Shopping ／ shopping.parenting.com.tw
海外・大量訂購／ parenting@cw.com.tw
書香花園／台北市建國北路二段 6 巷 11 號 電話（02）2506-1635
劃撥帳號／ 50331356 親子天下股份有限公司

立即購買 >